OS VALORES DA ESQUERDA DEMOCRÁTICA:
Vinte teses oferecidas ao escrutínio crítico

AUGUSTO SANTOS SILVA

OS VALORES DA ESQUERDA DEMOCRÁTICA:
Vinte teses oferecidas ao escrutínio crítico

OS VALORES DA ESQUERDA DEMOCRÁTICA:
VINTE TESES OFERECIDAS AO ESCRUTÍNIO CRÍTICO

AUTOR
AUGUSTO SANTOS SILVA

EDITOR
EDIÇÕES ALMEDINA. SA
Av. Fernão Magalhães, n.º 584, 5.º Andar
3000-174 Coimbra
Tel.: 239 851 904
Fax: 239 851 901
www.almedina.net
editora@almedina.net

PRÉ-IMPRESSÃO | IMPRESSÃO | ACABAMENTO
G.C. GRÁFICA DE COIMBRA, LDA.
Palheira – Assafarge
3001-453 Coimbra
producao@graficadecoimbra.pt

Junho, 2010

DEPÓSITO LEGAL
309852/10

A colecção Res Publica, dedicada ao pensamento político e às políticas públicas, resulta da colaboração entre as Edições Almedina e a Fundação Res Publica.
Para conhecer a missão e as actividades da Fundação Res Publica, consulte o sítio www.fundacaorespublica.pt ou utilize o endereço geral@fundacaorespublica.pt.

Os dados e as opiniões inseridos na presente publicação
são da exclusiva responsabilidade do(s) seu(s) autor(es).

Toda a reprodução desta obra, por fotocópia ou outro qualquer
processo, sem prévia autorização escrita do Editor, é ilícita
e passível de procedimento judicial contra o infractor.

Biblioteca Nacional de Portugal – Catalogação na Publicação

SILVA, Augusto Santos, 1956-

Os valores da esquerda democrática : vinte teses
oferecidas ao escrutínio crítico. - (Res publica)
ISBN   978-972-40-4199-5

CDU   329

Proponho um exercício sobre os valores da esquerda democrática. Para isso, ofereço ao debate público um conjunto de teses, isto é, de proposições que procurarei que sejam logicamente coerentes e susceptíveis de escrutínio teórico e empírico. Se bem que constituam pontos de chegada de um raciocínio, não almejam ser senão marcos provisórios de uma caminhada intelectual e hipóteses de percurso para a sua continuação. Organizam-se ao modo de um mapa, que cartografe o conhecido e sugira rotas para exploração futura.

Parto do pressuposto de que a melhor maneira de caracterizar os valores desta corrente política é por contraste com outras. A expressão "esquerda democrática" tem exactamente esse alcance: delimitar o campo por uma dupla demarcação, por um lado face ao conjunto das direitas e, pelo outro, face às esquerdas não democráticas. Há aqui, evidentemente, um intuito polémico, mas também, e sobretudo, a consciência de que não é por simples acaso circunstancial que as ideologias políticas tendem a definir-se por metáfora espacial: é que, nelas, a substância não é independente da localização, ou seja, o que são está associado ao modo como interagem.

Depois, o exercício tentará cruzar os planos analítico e normativo. Não me parece possível, nem útil, dissertar sobre o dever ser da esquerda, sem ter em conta o que ela realmente tem sido, na história e na contemporaneidade. Mas não ficarei pela constatação da complexa factualidade das correntes políticas. O meu propósito é normativo, quer dizer, comprometido com a defesa de um certo lugar e trajecto para a esquerda democrática, no tempo presente e no próximo futuro.

Falarei, pois, do interior desta corrente, e assumindo os seus valores. Desses tratarei, que não curarei aqui nem da comparação de políticas públicas, nem da explicação das concretas condições da respectiva elaboração, proposta e aplicação, nem da ponderação dos resultados. O foco estará nos valores, isto é, na combinação destes três elementos fundamentais: os princípios e operadores de interpretação e apreciação das coisas e dos actos; os fundamentos éticos das opções e escolhas dos actores; as normas de conduta que de uns e outros decorrem. É em tal combinação de princípios, opções e normas que residem símbolos e convicções partilhadas por um número mais ou menos vasto de pessoas e codificadas e transmitidas num certo conjunto de grupos e instituições, tudo contribuindo para a definição e evolução de identidades e movimentos colectivos.

Assim prossigo um duplo objectivo. Por um lado, dar conta da articulação entre os diversos planos em que se forma a orientação para a acção política. Os valores não são apenas as alternativas colocadas perante as grandes questões de filosofia e ética social: são as escolhas em cada momento activadas pelos sujeitos na sua prática e por referência mais ou menos directa, seja à "economia moral" de que falava E. P. Thompson (1989) – isto é, o sistema de interpretações e opções construído ao rés-do-chão da vida quotidiana e por relação directa à experiência concreta e imediata do mundo vivido, agora, ou nas gerações passadas que transmitiram tal sistema – seja a ideários mais ou menos elaborados e difundidos por peritos e instituições especializadas, como os intelectuais, os publicistas, os clubes, os partidos, as escolas... Por outro lado, interligar os diferentes patamares em que se desdobra a identidade política: os valores; as proposições e encadeamentos de proposições matriciais a uma dada doutrina (como sói dizer-se, os seus "princípios"); as atitudes formadas pelos actores, face aos vários aspectos centrais da ordem do mundo; as opiniões efectivamente expressas em cada questão concretamente suscitada; e, claro, a interrelação, constitutiva de uma qualquer ideologia, no seu sentido amplo e próprio, do conhecimento (o que é), da valoração (o que vale) e da acção (o que e como fazer).

Finalmente, concentrar-me-ei no quadro europeu. São muito variáveis os critérios de constituição e classificação de doutrinas políticas, de acordo com os contextos histórico-civilizacionais. Basta pensar nas diferenças entre os panoramas norte-americano, europeu, sul-americano ou asiático. Se bem que, uma vez por outra, chamar à colação os contrastes contribua impressivamente para a caracterização, a regra será considerar a realidade europeia.

I

OS MARCADORES

1. A dicotomia entre esquerda e direita é o operador mais eficaz para começar a caracterizar e distinguir correntes políticas.

A distinção entre direita e esquerda é um procedimento eficazmente operativo para começar a estabelecer o lugar e a identidade da esquerda democrática. Começar, digo: como veremos, está longe de bastar. Mas àqueles que decretam, hoje, a impertinência ou irrelevância da distinção, apetece responder como fazia Alain: "quando ouço alguém dizer que já não faz sentido separar esquerda e direita, a primeira ideia que me ocorre é que se trata de uma pessoa de direita...".

Para conduzir a distinção de modo que nos seja útil, é preciso romper com um enunciado que tem tanto de simples e popular como de enganoso. Refiro-me à alegação de que o que separa esquerda e direita é que a primeira valoriza mais a igualdade do que a liberdade e a segunda a liberdade mais do que a igualdade. Esta oposição é inadequada, quer do ponto de vista empírico, quer do ponto de vista normativo.

Reconheço a sua influência na consciência das pessoas, incluindo naquelas que se consideram de esquerda. No seu ensaio de 1997 sobre a Europa Ocidental, Henri Mendras reportava inquéritos de opinião à escala da União Europeia, nos quais os inquiridos que se situavam à direita diziam preferir a liberdade à igualdade e os inquiridos que se situavam à esquerda diziam preferir a igualdade à liberdade – sendo que estes últimos também eram os que se declaravam mais insatisfeitos com tudo, incluindo a sua própria saúde (Mendras, 1997: 120-121)... Mantenho, contudo, que esta ideia não tem sustentação histórica, a não ser que se quisesse expulsar da esquerda os revolucionários liberais e democratas da segunda metade do século XVIII e da primeira metade do século XIX (já para não falar dos liberais ingleses de fins de Seiscentos). E, principalmente, esta ideia é profundamente inadequada do ponto de vista normativo, em particular para os que se reclamam da esquerda democrática e pluralista, visto que desvaloriza drasticamente o eixo fundamental de demarcação com as outras famílias, antiliberais, da esquerda.

2. O centro não existe sozinho; mas existe.

A oposição entre direita e esquerda separa dois grandes campos. Ideologicamente, cada termo vale por si: embora exija ulteriormente especificações que restituam a sua heterogeneidade interna, manifesta um denominador comum que as compreende. A diversidade interna não anula a oposição básica entre os dois grandes conjuntos.

Por isso, não faz também sentido querer atenuar ou desprezar a dicotomia com o argumento de que ela ignoraria um terceiro género, a que, continuando a aplicar a metáfora espacial, se deveria chamar centro. O centro não tem identidade própria, não é uma posição *ideológica* caracterizável como tal. A primeira classificação política é dicotómica, não tricotómica. Ou melhor: se for tricotómica, não é porque exista um centro entre a esquerda e a direita, mas sim porque as diferenças estruturais entre as esquerdas são tão profundas que não será possível agrupá-las todas num só conjunto. Aceito o raciocínio, mas previno que ele levará rapidamente à mesma lógica de divisão no campo interno da direita, o que nos conduzirá a uma classificação em quatro partes, duas em cada um dos dois grandes universos de direita e esquerda, o que nos levará de novo a uma certa dicotomia...

Mas daqui não deduzo que o centro seja um lugar vazio, sem pertinência ou significado. Aliás, como ele só adquire sentido no quadro da oposição entre direita e esquerda, valorizá-lo não é negar, mas sublinhar tal distinção. O centro não existe sozinho; existe como centro-direita ou centro-esquerda.

A controvérsia sobre o centro tem, aliás, tanto ou mais de política do que de analítica. Por um lado, os que sustentam que *para além* da direita e da esquerda existe um centro, onde evidentemente logo se posicionam, e que descrevem como um lugar não comprometido com ideologias ou "partidarismos", são tipicamente devedores daquela inclinação doutrinária que gostaria de substituir a conflitualidade democrática pelo consensualismo mais ou menos tecnocrático. A eles se poderia aplicar também o dito de Alain, por ser mais do que evidente a sua maior proximidade à direita. Por outro lado, os que clamam que o centro nem sequer como qualificação de um dos dois pólos existe, e protestam que a autocaracterização como centro-esquerda é uma cedência à direita, tentam com isso puxar a esquerda para o seu extremo mais igualitarista e menos liberal.

Por isso, é muito importante, na perspectiva da esquerda democrática, sustentar, ao mesmo tempo, que o centro não existe sozinho e que a expressão centro-esquerda denota, legítima e expressivamente, a natureza moderada da esquerda democrática.

3. Para além da oposição entre esquerda e direita, o mapa político também se organiza segundo outras clivagens: entre democratas e autoritários, progressistas e conservadores, moderados e extremistas, cosmopolitas e isolacionistas.

A clivagem entre direita e esquerda não basta para dar conta da substância e da posição relativa das correntes políticas europeias. É uma condição necessária, mas não suficiente. É o ponto de partida, mas não o ponto de chegada.

Ao contrário do que sustentaram as teses sobre o "fim da História" e o "fim das ideologias", esquerda e direita permanecem sendo, sobretudo na Europa, referências centrais para o autoposicionamento político e ideológico dos cidadãos. Um estudo de André Freire mostra bem como, mais de 200 anos passados sobre a Revolução Francesa, que investiu de sentido político a arrumação espacial de partidários e adversários da atribuição ao rei do poder de veto sobre a legislação dos Estados Gerais, a oposição continua a estruturar as escolhas quer em termos de valores sócio-económicos, quer em termos de valores éticos e religiosos, quer mesmo em termos de valores ditos pós-materialistas, como por exemplo os ligados às questões ambientais. Mesmo quando as identidades partidárias sofrem uma erosão visível, este tipo de alinhamento mantém um bom nível de resiliência, estabilizando ou mesmo reforçando a sua relevância. A qual, ao mesmo tempo que está socialmente ancorada, depende também, sobremaneira, da própria dinâmica política: quanto mais clara é a alternativa construída pelos partidos, maior é adesão dos cidadãos à grelha de leitura e escolha segundo a clivagem esquerda-direita (cf. Freire, 2006: 38-46, 289-308).

Actualmente, a clivagem deve ser cruzada com outras linhas de oposição que, por facilidade de expressão, mas com inteira pertinência lógica e empírica, podemos apresentar também sob forma dicotómica. A meu ver, são quatro essas linhas.

A primeira distingue democratas de autoritários. "Democratas" significa aqui demoliberais, isto é, os que se referem à democracia pluralista, representativa e poliárquica, e ao seu ideal de governo limitado. Os autoritários podem ser reaccionários ou revolucionários. O critério que está em causa é a atitude face à forma de governo e a concepção, finalista ou instrumental, do regime democrático.

A segunda clivagem adicional contrapõe modernos e arcaicos, ou progressistas e conservadores. É a referência ao tempo que aqui conta: ser ou não parte da contemporaneidade, sentir-se ou não confortável nela, valorizá-la ou não positivamente (modernos contra arcaicos); e orientar-se ou não para o futuro, entender a mudança como oportunidade e força de transformação ou temê-la como risco ou degradação e compará-la negativamente, por regra, com o que está (progressistas contra conservadores)[1].

A terceira linha de demarcação separa moderados e extremistas, às vezes também descritos como moles e duros, expressão que tolero mal, mesmo assim menos mal do que a confusão entre extremistas e radicais. Esta é provavelmente a demarcação que melhor exprime o acoplamento da palavra "centro" a "direita" ou "esquerda".

---

[1] Prefiro falar em conservadores a falar em tradicionalistas, porque creio que a modernidade pode e deve usar como recurso o património. Como tenho dito insistentemente, noutras sedes disciplinares, a mudança não é o que se opõe à tradição, mas sim à imobilidade, e a tradição é muito mais complexa, plástica e dinâmica do que julgam as apologias ingénuas da modernização (Silva, 2000: 7-84). Muito menos aceito o enunciado da clivagem como opondo modernos a clássicos. Ao contrário do que sustentam, ou insinuam, alguns pós-modernos, arcaico não é o mesmo que clássico. Nem historicamente - na Grécia antiga a época clássica sucede-se justamente à época arcaica; nem logicamente – ser clássico não quer dizer necessariamente ser arcaico, no sentido corrente de tosco, ultrapassado ou obsoleto. É preciso perceber bem isto, também em política, que o socialismo, como o liberalismo, são referências, hoje clássicas, da modernidade europeia... O modo como enuncio a oposição denota naturalmente a minha própria proximidade ao clássico. Basta ver que omito a categoria do pós-moderno, por razões que se tornarão claras mais à frente, na tese 17.

A quarta clivagem adicional opõe cosmopolitas a isolacionistas. Expressões com alguma equivalência são também, para um lado, internacionalistas (ou pró-globalização) e, para o outro, soberanistas ou nacionalistas. Como as anteriores, esta clivagem não anula, mas intersecta a oposição matricial entre direita e esquerda: há uma esquerda nacionalista e uma esquerda cosmopolita, e coisa análoga se passa no interior da direita[2].

---

[2] Não é propósito deste exercício traçar uma tábua de afinidades entre os posicionamentos nas sucessivas dicotomias, excepto no que toca à esquerda democrática. Mas elas saltam à vista. Por exemplo, os conservadores dos vários quadrantes tendem a encontrar-se no soberanismo antieuropeísta...

II

OS VALORES

4. Os valores básicos da esquerda democrática são a liberdade, a igualdade, a justiça, a colectividade e a diferença.

A estrela de cinco pontas é uma figura sugestiva para ilustrar o conjunto dos valores da esquerda democrática. Às cinco pontas daria os seguintes nomes: liberdade, igualdade, justiça, colectividade, diferença.

Afirmo, portanto, que não basta recorrer à tríade da Revolução Francesa (liberdade, igualdade, fraternidade). Por duas razões: a primeira é que ela não é suficientemente discriminativa, pois acabou por designar o campo mais amplo do republicanismo laico; a segunda é que não é suficientemente contemporânea, visto que não incorpora a problemática da diferença, nas suas múltiplas dimensões. Parece-me também indispensável trazer para a matriz da esquerda democrática essa contribuição essencial das correntes socialistas e comunistas dos séculos XIX e XX que foi o sentido do colectivo, a atenção aos problemas e direitos da maioria da população e a crença no papel do Estado, enquanto comunidade política organizada, para promover esses direitos. Reconheço que colectividade soa melhor a um lusófono ou francófono e que um anglófono talvez empregasse mais depressa "comunidade". A expressão latina "res publica" também seria pertinente. Finalmente, penso que aquilo a que se chamou fraternidade ou, mais recentemente, solidariedade se compreende melhor através da combinação entre igualdade, justiça e colectividade.

5. A esquerda democrática parte da liberdade para a igualdade.

No começo, a liberdade: eis o que me parece caracterizar melhor a esquerda democrática. No princípio de tudo, a liberdade, sem outra qualificação ou atributo. Sem restrição que não decorra de si própria, ou seja, da necessidade de garantir a liberdade de outrem e assegurar igual liberdade de todos. Historicamente, foi sempre em seu nome que combateram os que se opuseram à denegação da dignidade humana, ao privilégio injustificado, à repressão das ideias, à exploração do trabalho e à opressão das pessoas, fossem eles os companheiros de Spartacus, os paladinos das liberdades burguesas, os adversários da Inquisição, os livre-pensadores, os revolucionários modernos, as associações operárias, os resistentes às ditaduras... A esquerda democrática deve reclamar-se desta história; deve assumir a liberdade como valor valendo por si mesmo; e deve partir da liberdade para a igualdade.

Esta perspectiva muda muito. Partir da liberdade para a igualdade é afirmar que a igualdade é uma dimensão e uma condição da liberdade.

Uma dimensão, já que, como atrás vimos, a liberdade plena supõe igual liberdade de todos, num duplo sentido: não pode alguém ser livre contra ou à custa da liberdade do próximo (e por isso não nos basta Atenas, e os liberais esclavagistas norte-americanos tiveram sempre um problema por resolver, até à Guerra Civil, e o liberalismo político foi sempre incompleto até aceitar finalmente o sufrágio universal); e a não-liberdade de alguém perturba a minha própria liberdade (e por isso se revê a esquerda contemporânea no internacionalismo dos liberais românticos, e faz sua a luta de Byron pela liberdade da Grécia, e sucessivamente se revê nos combatentes pela República espanhola e nos opositores de todos os países à agressão nazi-fascista, ou à Guerra do Vietname, ou à invasão de Praga; mas esta consciência só verdadeiramente se adquire aceitando o valor da colectividade, o sentimento de pertença a uma unidade comum, uma comunidade humana).

A igualdade é também uma dimensão da liberdade porque, como mostrou Locke (1999: 64-65), a primeira garantia da liberdade do cidadão é a lei: a lei que exprime, pelo menos até certo ponto, um acordo sobre a organização da vida social e uma vontade colectiva, a lei que protege as pessoas, os seus direitos, interesses e bens, a lei que a todos trata por igual, a lei a que se pode recorrer contra o poder arbitrário e a decisão injusta. Sem lei, e sem igualdade perante a lei, a liberdade seria apenas o reino do mais forte. Por isso a esquerda contemporânea não esquece a frase do abade Lacordaire, em plena revolução de 1848: "Entre o forte e o fraco, a lei protege e a liberdade oprime".

Por aqui já se vê quão distante se encontra a esquerda democrática da atitude popular entre a direita liberal, de que a liberdade se realiza no direito de o indivíduo se defender da intervenção do Estado (que é suposto ser sempre tendencialmente iliberal) e fazer o que entender desde que não atente contra os seus semelhantes. A liberdade implica a lei e a igualdade perante a lei.

E mais: para além da igualdade jurídica, a igualdade social é também uma condição da liberdade. A formulação deve ser precisa, que os equívocos são muitos, e alguns terríveis. Falo de igualdade social para designar a igualdade no acesso e na utilização de recursos sociais básicos. O que são tais recursos, eis o que vai variando com a própria evolução histórica, umas vezes em progressão, infelizmente noutras em regressão. (Os progressistas trabalham para que seja em progressão). São a identidade pessoal e cívica, a família, o parentesco e a vizinhança, a segurança e a protecção legal, o horário, condições e remunerações do trabalho, as prestações sociais na velhice ou invalidez, a educação e a formação, o crédito, a conciliação entre vida familiar e profissional, a participação social e política, a cultura e o lazer...

De um lado, a liberdade requer um certo nível de igualdade ou, se se preferir, a liberdade é incompatível com um certo grau de desigualdade. Eis um jogo entre duas contraposições. Uma que opõe integração e exclusão: quem está dentro e quem está fora da rede social e da gama de recursos e oportunidades nela disponíveis. Mesmo quando a igualdade jurídica existe, a exclusão social torna-a fictícia. A outra opõe os graus de integração, segundo a diferença de recursos e capacidades: a velha dialéctica entre os mais fortes e os mais fracos, os mais ricos e os mais pobres, os mais e os menos poderosos. Quando a diferença ultrapassa certo limiar (social e historicamente variável), a liberdade fica em perigo para os que estão abaixo dele.

Do outro lado, a liberdade é, para a esquerda democrática, também um direito positivo. Quer dizer: não é apenas a salvaguarda do indivíduo contra a intromissão do Estado na sua esfera privada (a liberdade "negativa" dos liberais), é ainda o direito do indivíduo à acção na esfera privada e na esfera pública. Mercê de condições que dependem de si próprio e de condições que dependem de garantias públicas. A igualdade é, neste aspecto, condição da liberdade porque só um certo conjunto de recursos disponíveis para todos permite que cada um possa ser pessoa, inteira e livre.

Está-se a ver como é tão redutora e inadequada a ideia de que esquerda e direita se distinguiriam pela preferência concedida ora à igualdade, ora à liberdade. Porque o que tipicamente caracteriza a esquerda democrática, desde o seu início como tal – isto é, desde a fundação da Segunda Internacional, em 1889, e o programa que o SPD aprovou em Erfurt, em 1991 – é a ligação entre liberdade e igualdade. A liberdade não é aquele princípio formal que esconderia a real contradição entre as classes proprietárias e trabalhadoras e poderia ser suspenso afim de ser mais rápido e seguro o caminho para a igualdade – ao contrário do que pressupõem o pensamento e a prática comunista. A igualdade não é aquele valor derivado e secundário, ou, mais enfaticamente, aquele temível estado em que o indivíduo e os seus direitos de propriedade, a iniciativa e a sua remuneração, o mérito e o seu prémio seriam fatalmente desconsiderados e, com eles, posta em perigo a liberdade – como sustenta parte importante da direita. Igualdade e liberdade são, uma da outra, contrafortes.

Dizer, porém, como aqui se sustenta, que a esquerda deve partir da liberdade para a igualdade é dizer que *não* deve partir da igualdade para a liberdade. E isto, é preciso explicá-lo. Pela negativa, quer dizer que não se aceita sacrificar a liberdade em nome da igualdade. É a dimensão liberal essencial a qualquer democracia de cunho social, a assunção de tudo o que está contido na bela frase de Tocqueville: "quem na liberdade ama outra coisa que não a própria liberdade nasceu para a servidão". Pela positiva, quer dizer que a finalidade orientadora da acção pela igualdade é a promoção da liberdade: da capacidade de cada indivíduo se realizar como tal, construindo o seu próprio projecto, percurso e identidade pessoal. Ou seja: ser igual para ser livre, logo diferente.

Esta maneira de conceber a equação da liberdade e da igualdade não é apenas a melhor maneira de defender a esquerda democrática contra as derivas autoritárias do igualitarismo. É também o melhor modo de clarificar o seu vínculo ao humanismo ocidental, o mesmo é dizer ao processo histórico que conduziu, a partir das raízes greco-latina e judaico-cristã, à afirmação do indivíduo, da sua dignidade e dos seus direitos, na civilização europeia[3].

---

[3] O leitor que quiser compreender o conjunto destas teses deve notar, agora, que tento construir uma demarcação entre direita e esquerda que não é apenas alternativa à visão popular que já denunciei, segundo a qual a direita prezaria sobremaneira a liberdade e a esquerda, a igualdade. Ela quer ser também alternativa aos termos da

6. A esquerda democrática sublinha a dimensão redistributiva da justiça.

O terceiro valor que defendo ser estruturante da posição da esquerda democrática é o valor da justiça. Ou, mais rigorosamente: é sublinhar a sua dimensão redistributiva; e tomá-la como um critério ético e político de apreciação da ordem do mundo.

Vamos, então, por partes. A conformação da justiça, dos seus códigos e operadores, como uma instância de organização social, deve-se a múltiplos momentos da história humana, com primazia, no que concerne a civilização ocidental, para Roma. A justiça previne, sanciona e pune a infracção à ordem normativa que regula a vida em comum – e *maxime* o crime, que causa danos de monta a pessoas e bens; e assegura um quadro e um lugar próprios para a resolução de conflitos, propondo as compensações devidas aos litigantes prejudicados por outrem, em processos civis. É a "justiça correctiva", na designação de Aristóteles; e ela é absolutamente central para a possibilidade de uma sociedade organizada e pacífica.

Mas o mesmo Aristóteles identificava uma outra dimensão, de justiça distributiva, preocupada, não com a salvaguarda da ordem pública e da

---

oposição desenhados por Norberto Bobbio (1995: 76-101): o valor da liberdade distingue internamente cada um dos dois campos (separando centro-direita de extrema-direita, centro-esquerda de extrema-esquerda, ou seja liberais/libertários de iliberais), mas o que realmente separa os campos, e deve ser a "estrela polar" de qualquer exercício intelectual com esse propósito, é a atitude face à igualdade, forte à esquerda, fraca à direita. Acompanho Bobbio na importância concedida a este critério, sem o qual não se percebe a oposição. Mas creio que é possível ser, analiticamente, mais preciso e ir, normativamente, mais longe, sugerindo que o que separa a esquerda democrática da direita (e, decerto, noutra modulação, da esquerda iliberal) é a *vinculação recíproca* entre liberdade e igualdade. Esta maneira de colocar as coisas mostra também quão próximos me parecem ser a esquerda democrática e o liberalismo político progressista. Por um lado, mesmo Benjamin Constant e Isaiah Berlin, os autores que mais ênfase puseram na distinção entre "liberdade dos antigos" e "liberdade dos modernos" e entre "liberdade positiva" e "liberdade negativa", defenderam, não a exclusão de uma das liberdades, mas sim a sua articulação – se bem que sob o comando do segundo termo de cada par de opostos (e Constant foi um dos mais firmes adversários do sufrágio universal). Por outro lado, é difícil que um social-democrata dos dias de hoje se não reveja na visão de Stuart Mill, de uma sociedade que considere a liberdade como o valor supremo e simultaneamente se empenhe em proporcionar o máximo possível de oportunidades aos seus membros, homens e mulheres.

convivência pacífica, como é típico da justiça criminal, nem com o respeito pelos contratos e a compensação das perdas ou danos, como é típico da justiça restaurativa, mas sim com a distribuição dos recursos e bens e com a condição comparada dos cidadãos. O desenvolvimento do pensamento democrático pode ser descrito também como a assunção da lógica distributiva (dar a quem menos tem) como complemento indispensável à justiça comutativa (castigar ou premiar o sujeito em função dos actos que cometeu).

Neste quadro, o que pode ser especificamente imputado à esquerda? A meu ver, duas atitudes: a ênfase posta na justiça distributiva e no que dela mais directamente se relaciona com e intervém nas condições sociais; e a sua dimensão redistributiva, pedindo mais a quem mais tem para proporcionar recursos acrescidos aos desapossados, de que a progressividade fiscal ficará como expressão lapidar.

Adiante consideraremos – que nada disto é simples e linear, bons para um lado, para o outro os maus – a forma como correntes políticas anti-socialistas e anti-comunistas chegaram também, inspiradas sobretudo na doutrina social da Igreja Católica, à ideia da justiça social. Encontrá-la nos caminhos da esquerda democrática significa duas coisas. A primeira é tornar mais preciso o terceiro elemento, o mais equívoco, da tríade revolucionária: a fraternidade; e dar um conteúdo laico e progressista ao ideal da solidariedade. Deste ponto de vista, promover a justiça social através de mecanismos redistributivos – como o sistema fiscal, a segurança social ou os serviços públicos de educação e saúde – é retirar a solidariedade da esfera privada e assistencial para elevá-la a uma das missões essenciais do Estado enquanto expressão da comunidade política nacional: é retirar a solidariedade das lógicas de afirmação do poder de quem tem sobre quem não tem e que quem tem protege (o conhecido por patrocinato/clientelismo), para colocá-la no domínio dos direitos. O segundo efeito é reenunciar a questão da igualdade e da acção contra as desigualdades.

Aqui reside a grande diferença entre a esquerda igualitária e a esquerda (ou o tradicionalismo) igualitarista. Há no igualitarismo uma enorme desconfiança face ao indivíduo que se distinga da massa comum, ao gesto que se diferencie do código comum, ou seja, face a grandes factores de progresso histórico como o inconformismo, a inovação e a experiência. Para muitos, defender a igualdade *à outrance*, por exemplo a carreira profissional horizontal, a igualdade salarial vinculada ao estatuto e desvinculada do desempenho, a impossibilidade de estabelecer outros critérios de acesso a emprego público que não os estritamente fixados em sede administrativa, etc., decorre de uma matriz profundamente conservadora, de condicionamento do indivíduo pelo grupo, do caso pela regra, do novo pela rotina.

A esquerda democrática, igualitária na sua essência, isto é, inscrevendo a redução das desigualdades como finalidade e orientação, sabe que o caminho passa pela articulação de dois pólos contrapostos. Não esquece o que diziam os camponeses revoltosos do século XIV – "quando Adão cavava e Eva fiava, onde estava o senhor?"; mas também tem em mente o tirano de Siracusa que, perguntado sobre como conseguia sustentar o seu poder, se limitou a conduzir o interlocutor a um campo de trigo e ceifar todas as espigas que tivessem crescido mais do que a média... A estrita igualdade de condições entre a quase totalidade da população, acima da qual se erguem então as oligarquias e nomenclaturas detentoras de todos os poderes e privilégios, é uma receita muito antiga para as tiranias, de Siracusa ao império soviético. Como George Orwell bem mostrou, reside aí um dos eixos ideológicos do projecto totalitário. E o sonho da absoluta comunidade de bens e identidade de condições, de acordo com o estatuto, isto é, com uma determinação exterior e superior ao sujeito, é, desde a república platónica, um dos inimigos da sociedade aberta.

A esquerda democrática, que conhece Popper, sabe, pois, quão desigualitária e opressora pode ser uma sociedade fundada no princípio da igualdade absoluta e estatutária. Mas, ao contrário dos liberais, não põe cera nos ouvidos quando passa pelos *Jacques*. O que faz, precisamente, é acompanhá-los no sentido profundo da sua interpelação, que é: que faz o senhor que torne justo ele existir?

A enorme vantagem da pergunta é colocar a questão da igualdade nos termos próprios, como uma questão de justiça. Não se trata de presumir que todos devem ser iguais porque não pode haver quem se distinga e escape à regra. Trata-se de saber se é ou não justo haver um certo nível de desigualdade, o que inexoravelmente conduz a perguntar se há ou não desigualdades justas, e quais, e por que critério?

Do ponto de vista político, o problema da igualdade é mais depressa enunciado como problema de desigualdades – e este como um problema de dominação, a opressão de uns que têm acesso a bens sociais sobre outros que não têm (Walzer, 1999: 14-15). E compreende-se bem porquê: foi a constatação das diferenças entre pessoas, grupos e estados (no sentido do Antigo Regime), diferenças de privilégios, direitos, poderes, rendimentos, oportunidades, etc., diferenças marcadas na vida quotidiana e no próprio corpo tanto quanto evidentes nos lugares e ocasiões políticas e cerimoniais, diferenças traduzidas muitas vezes em fosso intransponível, diferenças de qualidade além de grau, foi essa constatação que mobilizou e mobiliza tanta gente, seja no plano doutrinário, seja pela acção, para reclamar e fazer valer as necessidades, os direitos e os interesses dos "de baixo". Claro que os dois termos se implicam mutuamente: é sempre a partir de um conceito, mesmo que implícito, de igualdade que identificamos e avaliamos a natureza e a escala da desigualdade. Mas, para a esquerda democrática, a tensão entre igualdade e desigualdade é que é produtiva, só ela permite uma compreensão plena, abrangente e não essencialista.

A meu ver, são oito os elementos que configuram um moderno conceito de igualdade.

O primeiro, alicerce dos restantes, é a igualdade moral. Aquela que o Ocidente deve ao cristianismo: todos os homens e mulheres, independentemente de origem e condição, como iguais face a Deus, são portadores de igual dignidade; o homem é o centro do mundo terreno e, no plano espiritual e religioso, cada homem vale o mesmo. Por isso podem os homens formar comunidade, por isso podem ser fraternos e solidários entre si.

O segundo elemento é a igualdade jurídica, um longo processo histórico de que os primeiros grandes avanços ocorreram na República e no Império Romano, com a progressiva integração da plebe na cidade e a extensão da cidadania por todo o território conquistado. Entre os séculos XVIII e XX, as sucessivas Declarações dos Direitos do Homem farão a ligação entre estas duas igualdades, jurídica e moral, proclamando os iguais direitos fundamentais de todas as pessoas, para lá, portanto, do que em cada momento fosse delimitado como o conjunto dos cidadãos – forçando a justaposição dos círculos, ou seja, a universalização dos direitos civis e políticos.

O terceiro elemento é a distinção entre igualdade e identidade. Igual opõe-se a desigual, ser idêntico – ser o mesmo – opõe-se a ser diferente. Distinção capital, para a esquerda democrática: a igualdade dos sujeitos não significa que eles partilhem todas as características, qualidades, propósitos e percursos, muito menos que *tenham* de partilhá-los. Significa, isso sim, que estão em igualdade de condição no acesso aos bens e oportunidades que sejam, em cada momento, críticos para a construção do projecto pessoal de cada um.

O quarto elemento é a apreciação das desigualdades sociais segundo o critério da legitimidade. Para a nossa esquerda, há desigualdades que são legítimas, e não devemos hesitar em assumi-lo. São legítimas as desigualdades que decorrem de recompensas diferenciais do talento, do esforço ou da iniciativa. Em contexto de oportunidades abertas a todos, para a realização da iniciativa, a aplicação do esforço e a demonstração do talento. São ilegítimas as desigualdades associadas a privilégios, rendas ou outros meios de acesso reservado, exclusivo ou desproporcionado aos recursos e poderes. E, sobretudo, o que a esquerda contesta é, de um lado, o nível de desigualdades e, do outro, a sua constância ou rigidez ao longo do tempo, a resistência à mudança e à abertura. O que mais motiva o seu protesto é a situação de fechamento de oportunidades ao maior número e de brutal clivagem entre a elite e a massa da população, isto é, a lógica de clique, oligarquia ou nomenclatura.

O quinto elemento do conceito moderno de igualdade é o princípio do patamar comum. Há quem fale de mínimos sociais, outros usarão expressões diversas. Importa é assinalar a ideia matricial de um "chão", uma base, um soco comum, um conjunto de recursos e condições disponíveis a todos, como condição necessária de integração na sociedade e afirmação da cidadania. Aqui, igualdade pressupõe a universalidade de certos meios considerados, em cada circunstância histórica, indispensáveis à dignidade pessoal e à afiliação comunitária.

O sexto elemento é a concepção pluridimensional da igualdade, enquanto orientação para a acção. No espectro político democrático não se encontrará, hoje, ninguém que contrarie o princípio da igualdade de oportunidades e se esqueça de salientar a importância da educação pré-escolar e escolar para a sua prossecução. A esquerda democrática também prefere, como as correntes de centro-direita e ao contrário da extrema-esquerda, falar em igualdade de oportunidades, mais do que de condições. Por duas razões principais: porque assim contorna a visão paternalista do Estado curador das necessidades de todos e foca a atenção no que o *New Labour* popularizou com a fórmula *Enabling State*, garantindo o Estado que as pessoas se deparam com condições positivas de desenvolvimento das suas capacidades e, portanto, de reforço da sua posição e autonomia (ou seja, e voltamos significativamente ao mesmo ponto, de liberdade) de sujeitos; e porque "oportunidades" exprime bem o sentido de movimento e dinamismo.

Mas a esquerda não se fica pela definição da igualdade de oportunidades como igualdade "de partida". Sim, reconhece a importância primacial das estruturas que propiciam, ao conjunto das pessoas, condições e recursos para a subsequente definição dos respectivos trajectos e projectos: a assistência materno-infantil e os cuidados primários de saúde, a primeira socialização, a aprendizagem escolar... Mas isso não lhe basta, porque pretende que, ao longo da sua vida pessoal e profissional, cada indivíduo possa dispor, recorrentemente, de oportunidades, de *novas* oportunidades. Na sua visão do mundo não cabe, pois, a oposição entre igualdade "de partida" (a desejável) e "de chegada" (aparentemente perigosa na sua deriva igualitarista). Aplica o princípio da igualdade de oportunidades *ao longo do trajecto* dos indivíduos, dos grupos e das comunidades, imputando ao Estado guiado pelo valor da justiça social a obrigação de proporcionar, em sucessivas etapas de tal trajecto – e em particular aos que se encontrem mais desapossados de recursos e poderes – novas oportunidades, oportunidades recorrentes. É esta ideia dinâmica da igualdade de oportunidades que melhor a caracteriza.

Ora (sétimo elemento de configuração do conceito de igualdade), a acção pela igualdade incorpora iniciativas que deliberadamente criam desigualdades a favor desses desmunidos. Ou seja: a igualdade de oportunidades também se guia pelo valor da equidade. Há quem veja na palavra uma tentativa da Terceira Via para esbater a centralidade da justiça social, fazendo esquecer um emblema fundador do socialismo. Por mais razão que tenha (e creio que pouca tem), de nada disso se trata aqui. Refiro-me, sim, aos dois princípios constitutivos, segundo John Rawls, da justiça como equidade: "a. Cada pessoa tem igual direito a um esquema plenamente adequado de iguais direitos e liberdades básicos, sendo cada esquema compatível com o mesmo esquema para todos; e, neste esquema, as iguais liberdades políticas, e apenas essas, devem ter o seu justo valor garantido; b. As desigualdades económicas e sociais devem satisfazer duas condições: primeiro, têm de estar ligadas a posições e cargos aos quais todas as pessoas têm acesso de acordo com a igualdade equitativa de oportunidades; e, segundo, têm de ser para o maior benefício possível dos membros menos favorecidos da sociedade" (Rawls, 1996: 35).

Neste quadro, a equidade é um dos elementos nucleares da concepção que a esquerda democrática tem e deve ter da igualdade. E, como demonstram as políticas de acção afirmativa ou discriminação positiva, intervenções deliberadas visando desequilibrar, em cada momento, hierarquias estabelecidas para equilibrar melhor o relacionamento entre os grupos sociais reduzem as desigualdades e mudam o mundo. Se não fossem tais políticas, teriam os Estados Unidos passado em meio século da negação dos direitos civis aos Negros do Sul à eleição de um Presidente negro?

O último elemento do conceito de igualdade pode ser apresentado como a síntese dos restantes: abertura e mobilidade social. A pior desigualdade é aquela que impede as pessoas e os grupos de se deslocarem no espaço social, cria barreiras à comunicação entre lugares, paralisa a dinâmica social, é a que fecha a sociedade numa estrutura pesada de ordens, estados e estatutos cristalizados. Em *A Viagem do Elefante*, de José Saramago, e a propósito de hierarquias militares, o narrador refere-se a esse "preceito velho como a sé de braga, aquele que determina que terá de haver um lugar para cada coisa a fim de que cada coisa tenha o seu lugar e dele não saia" (Saramago, 2008: 125). Pois bem: poderia dizer-se, aproveitando o talento do romancista, que o preceito básico da esquerda democrática é o inverso: que é possível e vantajosa a circulação pelos lugares, pela mesma razão que é ilegítima a prisão de alguém ao seu lugar de origem ou ocasião. O maior contributo para a igualdade está na abertura e no dinamismo social, na mobilidade, no estímulo da iniciativa, do projecto, da ambição e na oferta de oportunidades disponíveis para todos.

É por isso que a esquerda democrática não partilha, antes combate a tentação igualitarista, essa obsessão com a perfeita identidade de condições e essa aversão ao individualismo, à iniciativa e à responsabilidade pessoal. A esquerda democrática pugna por um denominador mínimo de recursos universalmente garantido. Acrescenta-lhe depois, não a distribuição uniforme de estatutos, mas uma estrutura de oportunidades para todos, recorrentes e abertas. Comete aos poderes públicos a intervenção no combate às desigualdades ilegítimas, porque injustificadas, demasiado grandes, irreversíveis e, sobretudo, excludentes – porque atiram as suas vítimas para fora do espaço de integração social.

Capacitação, abertura, mobilidade, oportunidades: este é, para a esquerda democrática, o essencial da acção pela igualdade.

Eis o que a coloca em linha com uma longa tradição histórica de reflexão sobre a complexidade da questão da igualdade – do lado da equidade aristotélica, contrário à uniformidade da república platónica. De facto, é na *Ética a Nicómaco* que se pode encontrar a concepção da "justiça distributiva como uma espécie de proporção" (Aristóteles, 2006: 112-116), quer dizer, a distinção entre a "igualdade aritmética" que regula a justiça comutativa (penalizar, na medida da infracção, ou reparar, na medida do prejuízo, agentes aos quais se aplicam as mesmas normas) e a igualdade que resulta da proporção, porque tem em conta as diferenças de condições e procura reequilibrá-las.

Na esfera distributiva, a complexidade do princípio da igualdade decorre da própria configuração concreta das circunstâncias – é preciso, para ser justo, usar de proporção e equidade, adequando a regra geral a cada caso particular. Nas sociedades modernas, esta complexidade só pode aumentar. Como bem explicou Michael Walzer, uma teoria da igualdade não pode ignorar a diversidade dos bens sociais, como a nacionalidade, a cidadania, a segurança, a previdência, o dinheiro, a educação, o cargo público, o poder político... Por isso, a igualdade que conta, a única compatível com uma democracia pluralista, é a igualdade complexa. Ela funda-se na diversidade das esferas de justiça distributiva e de critérios de distribuição e na autonomia recíproca de umas e outros: quantos mais forem os bens em distribuição e os critérios de distribuição, mais aberta e geradora de oportunidades será a estrutura social. E pretende combater o predomínio, quer dizer, a conversão da vantagem numa esfera em vantagens equivalentes nas restantes, através da afirmação de "um princípio distributivo ilimitado": "nenhum bem social x deve ser distribuído a homens e mulheres que possuem um bem y só por possuírem este último e sem ter em conta o significado daquele x" (Walzer, 1999: 36).

A ligação entre a igualdade e o pluralismo é muito importante. Mas a esquerda europeia deve acrescentar-lhe ainda outro elemento de complexificação: as esferas de justiça são plurais, decerto, e quanto mais plurais menores são os riscos de deriva para o poder totalitário; todavia, não deixam de se articular entre si, através de mecanismos de mútua conversão e reforço de recursos e privações que os sociólogos têm identificado. Não basta, pois, multiplicar as esferas da justiça e singularizar cada uma delas. Se quiser contrariar o predomínio, a acção política inspirada pelos princípios de igualdade e pluralismo deve também intervir sobre os mecanismos que relacionam aquelas esferas[4].

7. A esquerda democrática questiona a justiça da ordem do mundo.

No conjunto dos valores da esquerda democrática, "justiça" não indica apenas a ênfase na questão crítica da distribuição – e, por aí, a sua ligação com o valor da igualdade. A justiça constitui também o critério-chave de apreciação política, como avaliação dos fundamentos e das rupturas de uma comunidade constituída por laços e contratos entre pessoas.

Neste sentido, como escreveu Paul Ricoeur, a justiça começa por nascer da "indignação face ao injusto", face a "retribuições desproporcionais, promessas traídas, partilhas desiguais"; e por ser reclamação da regulação de conflitos, ofensas e inequidades, assumida por um terceiro mediador e imparcial e numa "justa distância" face aos casos e às partes em litígio (Ricoeur, 1995: 11-13).

Contestar a injustiça e querer corrigi-la. Mas significa mais. Primeiro, significa sujeitar a "ordem do mundo" à interpelação: ser de esquerda é colocar particular atenção na interrogação do mundo, ou, como dizia Paulo Freire (1972: 41), em "'pronunciar' e 'nomear' o mundo" – escrutinando os factos, os comportamentos e as situações segundo um juízo ético sobre o bem ou o mal que produzem, ou evitam, na vida pessoal e colectiva. Significa, depois, reconhecer a todos os indivíduos e comunidades o direito a essa interpelação, o mesmo é dizer reconhecer-lhes a condição de sujeitos, capazes de submeter o mundo ao seu próprio pronunciamento ético; e, portanto, reconhecer a existência, para lá da ética como disciplina particular, da

---

[4] Poupando trabalho aos críticos: é sintomático que eu acabe por não individualizar o valor da igualdade e o trate no âmbito, primeiro, do valor da liberdade e, depois, na justiça. Sintomático de quê? De menor adesão pessoal à centralidade desse valor? Da perturbação ainda sentida pela esquerda democrática face à lógica igualitarista? Do seu trauma perante o enorme embuste que representou a apregoada igualdade dos regimes colectivistas? Ou – hipótese mais amiga – da compreensão de que a melhor forma de valorizar uma igualdade bem temperada como o cravo de Bach é articulá--la à liberdade e à busca da justiça?

"economia moral" a que o comum das pessoas se vincula e que reelabora, como sistema estruturado de percepção, interpretação e avaliação do mundo. Significa, enfim, referir a interpelação também a um ideal de justiça que está para além da lei e do direito e que pode pôr em crise a lei e o direito vigentes.

Esse ideal vem da *Antígona* de Sófocles, a filha de Édipo que viola a interdição de sepultar o seu irmão porque acredita na prevalência, sobre a lei, do valor da fraternidade. Corresponde a uma das injunções centrais de Jesus Cristo, no Sermão da Montanha – que não apenas se cumpra a lei vigente, mas ainda e sobretudo os valores, mais exigentes, da justiça autêntica ("Porque vos digo que, se a vossa justiça não exceder a dos escribas e fariseus, de modo nenhum entrareis no reino dos céus", S. Mateus, 5). E, em Portugal, o seu melhor ideólogo é uma poetisa, Sophia de Mello Breyner Andresen. Este ideal representa a justiça como a capacidade de distinguir entre o bem e o mal, o certo e o errado, o justo e o injusto, e assumir esse risco e as respectivas consequências, designadamente quando da sua aplicação concreta resulta pôr em causa, como aconteceu a Antígona e como prevê Jesus, a lei vigente e as autoridades da ocasião. E, quando a opção é mais difícil, quando do que se trata é de "elaborar compromissos frágeis e decidir não tanto entre o bem e o mal ou entre o branco e o negro, mas entre o cinzento e o cinzento, ou, caso particularmente trágico, entre o mal e o pior" (Ricoeur, 1995: 220-221), mais necessária se torna a sageza e a convicção do julgamento, o mesmo é dizer da apreciação segundo os critérios de justiça.

Esta ideia é muito importante para a caracterização global da esquerda, é a que a posiciona do lado da mudança. A esquerda trata, quase por intuição, a ordem como uma questão, em vez de um adquirido. Entende que o primeiro dever dos cidadãos não é obedecer à ordem, por ser ordem, mas sim interrogá-la, inquirir dos seus fundamentos e legitimidade; não é segui-la, por ser transcendente, mas indagar do seu circunstancialismo. A ordem económica, social, política, legal, tem de justificar-se – demonstrar que é justa. E esta orientação predispõe a esquerda a integrar a atitude crítica no coração do seu pensamento e a valorizar mais (do que a direita) manifestações de insatisfação, resistência, heterodoxia, e até contestação ou dissidência.

Aliás, é também por isso que a ortodoxia comunista e revolucionária pouco tem a ver com os valores matriciais da esquerda europeia.

8. A esquerda democrática acrescenta à república o sentido da solidariedade colectiva.

A quarta ponta da estrela com que julgo poder representar graficamente os valores básicos da esquerda democrática é a que menos satisfatoriamente consigo nomear. Talvez república, para sublinhar o corpo de cidadãos livres organizados numa entidade comum, em que são soberanos e perante a qual são ao mesmo tempo responsáveis e beneficiários. É talvez melhor designá-la com a expressão latina, *res publica*, "coisa pública", para fazer um segundo traço por baixo do primeiro, a política como espaço de intermediação dos cidadãos (assim poderia seguir Hannah Arendt, 1995: 31-34). Ou então comunidade, no sentido anglo-saxónico (não como o oposto de sociedade, mas sim como resultado e fundamento do contrato social).

Já escrevi "colectividade", tirando partido do facto de terem decorrido muitos anos sobre o desmoronamento do império comunista e da sua matriz colectivista – e por isso ninguém de boa fé fará a confusão entre duas palavras de mesma raiz mas significados opostos. E, se o fiz, foi para acentuar sobretudo, quase polemicamente, esse que me parece ser o ponto crítico deste quarto valor, para um pensamento e uma acção tão marcados pela era industrial (nos séculos XIX e XX) e pela emergência de movimentos sociais organizados que configuraram um verdadeiro actor social grupal (*maxime*, o proletariado industrial e o movimento operário).

Mas talvez a palavra mais adequada, e onde todos se poderão rever, seja cidadania. Ela remete para o exercício combinado de direitos e responsabilidades no quadro da participação dos respectivos titulares, as pessoas, na sua comunidade. Esta só existe na medida em que os cidadãos a fundam e renovam; o que ela é e quer determina-se por efeito de vontades colectivas circunstanciais, transitórias e alteráveis – que, por sua vez, emanam do confronto e da arbitragem de vontades parciais, e por isso em nenhum momento podem reclamar a unanimidade e o absolutismo que destruiriam a própria ideia de democracia pluralista.

Porque não fico, pois, pela expressão cidadania republicana, para designar o que pretendo? Por uma razão de humildade intelectual: é que a esquerda democrática não pode querer o exclusivo da autoria ou defesa dessa expressão; outras correntes políticas, republicanas neste sentido, a partilham. O que de mais característico lhe aportou a esquerda, o seu valor acrescentado, foi a ideia da colectividade, do grupo, da classe, do movimento social, quer dizer, a reconceptualização do Estado como comunidade e organização política, "sociedade de homens" (Kant, 2002: 121), como "cidade", esfera pública, *polis*, a que todos pertencem e onde todos – isto é, também os não-proprietários, os não-funcionários, os não-letrados, os não-bem-nascidos, numa palavra os trabalhadores manuais – tinham lugar e direito. Sem esta reconceptualização impulsionada pelas esquerdas modernas – primeiro os liberais, mas só até certo ponto, e mais no plano das liberdades pessoais e da igualdade jurídica; depois os comunistas, socialistas, sindicalistas, sufragistas e activistas dos direitos civis – o Estado-Nação da modernidade não o teria realmente sido.

Tentemos, então, apreender o contributo específico da esquerda, em particular da esquerda europeia, aquela em que as *doutrinas do colectivo*, comunismo e socialismo, se afirmaram como tais.

A primeira dimensão diz respeito ao Estado como esfera pública comum. Não pertenceu às esquerdas socialistas e comunistas a construção do Estado, fosse (evidentemente) na configuração das monarquias absolutas, fosse na ordem burguesa e liberal. Bem ao contrário, começaram por opor-se-lhe, encarando-o como instrumento de exploração económica e dominação social. Mas, na penúltima década do século XIX, a fundação da Segunda Internacional, consagrando a clivagem subsequentemente definitiva entre, de um lado, o reformismo socialista e, do outro, as correntes comunistas e revolucionárias, representou a aceitação da arquitectura institucional do Estado como um espaço de integração social e intervenção política para as organizações vinculadas ao movimento operário, como os partidos social-democratas ou socialistas e os sindicatos de trabalhadores.

Desde então, a história da esquerda democrática tem sido a plena aceitação daquele quadro institucional e das suas regras para o jogo político e social, com a típica associação – decerto tensa, "dialéctica", mas real – das dinâmicas de confrontação e das dinâmicas de compromisso entre antagonistas sociais e políticos que tipicamente admitem integrar a sua competição agonística num quadro de princípios e procedimentos a que todos dão acordo. Mas não apenas aceitação: também, e sobretudo, valorização. Valorização do Estado, da presença e da intervenção do Estado, segundo modalidades que variarão ao longo do século XX – ora mais proprietário e prestador, ora mais regulador e garante, ora mais indutor e estratega – mas sempre no sentido de assegurar uma acção pública efectiva.

No final do século, é na esquerda que o Estado encontra os seus maiores defensores. Mas trata-se de um Estado transformado pela pressão da esquerda e o seu compromisso pós-Segunda Guerra com a democracia-cristã.

Transformado, de um lado, com a extensão da cidadania. O longuíssimo processo histórico, iniciado na República Romana, de integração política da, como então se dizia, plebe culminou, pelo menos na forma que hoje conhecemos e para os cidadãos nacionais de cada país, no pós-Guerra, na consagração do sufrágio universal. (A plebe de hoje, de integração inexistente, incompleta ou precária, são os imigrantes).

Transformado, por outro lado, com a institucionalização do princípio da maioria, que deu um novo conteúdo ao valor do interesse geral, ou bem comum, como norma orientadora da acção pública. É à influência da esquerda que se deve a leitura contemporânea desse valor como o interesse do conjunto do povo, isto é, da maioria social e política – aprofundando a dissociação, que havia sido imposta pela Revolução Francesa, entre o interesse do monarca e o interesse da nação, e acrescentando à prevalência revolucionária deste último a caracterização da nação como sociedade, composta de grupos e classes.

Terceiro lado do triângulo: a protecção social como função nobre do Estado. Adiante veremos como a esquerda tem oscilado muito face às funções de soberania, ora denegando-as, ora aceitando-as com relutância, ora encarecendo-as. Mas raras vezes hesita na exaltação das funções sociais, aquelas de que espera a realização dos direitos sociais, isto é, não apenas os direitos dos cidadãos nas esferas do emprego, condições de trabalho, educação, saúde, segurança social, como também os direitos de que eles são titulares enquanto membros de colectivos (os trabalhadores, os pensionistas, os utentes, os consumidores...). A ênfase na centralidade dos direitos sociais – que pode ver-se como uma das marcas distintivas face à direita, a qual tende a conceder toda a prioridade aos direitos, liberdades e garantias individuais (quando não os trata como os "verdadeiros" direitos, cf. Leone, 2008: 65-66) – vai de par com a atribuição ao Estado da responsabilidade de provisão de serviços públicos capazes de satisfazer necessidades e promover prestações realizadoras de tais direitos.

A esquerda democrática mudou, pois, radicalmente de atitude face ao Estado. Ao longo do século XX, saiu da posição libertária de querer destruí-lo, como dominação e factor da dominação burguesa, e contrapôs à estratégia leninista, de conquista do Estado para o derrube da ordem social e sua substituição por uma ditadura revolucionária, o programa reformista e democrático de disputa eleitoral pelas instituições e subsequente assunção de responsabilidades de governação e compromisso para fazer valer as suas políticas. E acabou co-autora e principal defensora do Estado-Providência, de presença efectiva e determinante em múltiplos aspectos da vida social.

Mas não foi só a esquerda democrática que mudou. O Estado mudou também radicalmente, pelo menos no quadro europeu ocidental, primeiro com a plena democratização política, depois com a concertação tripartida (governos, sindicatos, associações patronais) e o grande desenvolvimento de sistemas públicos de cuidado social.

Ora, aqui reside, a meu ver, o segundo grande contributo da esquerda para a reconceptualização da *polis*. O primeiro é, como acabámos de ver, a representação do Estado como comunidade política nacional e, portanto, espaço institucional pertença de toda a colectividade, onde se pode e deve afirmar a luta pela defesa dos interesses sociais e dos programas políticos que a esquerda reclama. O segundo contributo é a vinculação recíproca entre colectividade e solidariedade.

Esta vinculação faz-se através de vários elos. De um já atrás falei: a justiça equitativa, na distribuição social dos benefícios. Outro é a socialização dos riscos, que subjaz à segurança social – logo com o próprio Bismarck e o sistema de seguro social obrigatório, protegendo nos acidentes de trabalho e na velhice com prestações substitutivas do salário para as quais previamente haviam contribuído os assalariados com descontos sobre as suas remunerações; mas qualitativamente aprofundada com a segurança social contemporânea, de matriz beveridgeana, porque o regime de repartição, no qual, em cada etapa, são os descontos da geração activa que pagam as pensões da geração idosa, introduz uma solidariedade de segundo grau, tanto inter como intrageracional. E o elo sobrante é a às vezes chamada discriminação positiva, quer dizer, a intervenção deliberada em favor dos que em cada momento se confrontem com vulnerabilidades ou incertezas acrescidas, por causa da pobreza, ou da solidão, ou da deficiência, ou de outro qualquer *handicap*.

Esta intervenção é pública, feita por serviços públicos em nome de uma escolha colectiva – e é isso que mais tipicamente a distingue de outras concepções e de outras materializações do princípio que associa colectividade e solidariedade.

Seria, na verdade, uma arrogância insuportável da esquerda pretender qualquer exclusivo, ou sequer precedência, no estabelecimento de tal associação. Antes e para além da esquerda fizeram-no comunidades territoriais, instituições religiosas, guildas profissionais, organizações de benemerência e entreajuda. O que é característico, no plano dos valores, do pensamento da esquerda europeia são os seguintes aspectos. A prestação de solidariedade não é uma faculdade, uma "caridade", mas uma obrigação, uma responsabilidade. Não é uma questão individual, uma opção a fazer por cada pessoa na relação com os seus vizinhos, parentes, etc.; mas uma questão colectiva, uma responsabilidade de quem age em nome da colectividade, o Estado e os seus serviços ou quem com eles se articule ou coopere. Não tem por fundamento uma inclinação afectiva ou emocional, mas sim o laço cívico, o facto de todos pertencermos à mesma comunidade de cidadãos: não a misericórdia da tradição católica, mas a fraternidade da proclamação revolucionária. E não é uma condescendência – a ajuda na privação a quem foi demasiado incompetente, ou preguiçoso, ou insensato, ou imprevidente, ou perdulário na sua vida – mas sim o reconhecimento de um direito, o direito a um certo nível de bem-estar, que aliás tende a definir-se como não mais do que uma certa distância ao bem-estar médio de um dado momento histórico e social.

Portanto: vinculação recíproca entre colectividade e solidariedade, entre a pertença a um corpo cívico comum e o interesse do corpo pela sorte de cada um dos seus membros. Mas, aos olhos de uma esquerda responsável, se este interesse decorre daquela pertença, esta pertença significa não só a titularidade de direitos como a assunção de deveres. Não são outros, mas os mesmos, os utentes que, em razão dos seus direitos, beneficiam de prestações de segurança social ou cuidados de saúde e os contribuintes que fazem descontos para a previdência ou pagam impostos ao fisco. Há, claro, os que, em cumprimento do critério de justiça equitativa que organiza a distribuição de bens sociais por pessoas de condição desigual, beneficiam de contrapartidas públicas superiores ao que entregam ao fisco ou à segurança social. Mas eles detêm responsabilidades próprias, seja no respeito pelas condições de acesso às prestações (e por isso é que, ao contrário do que alguns sustentam, a esquerda só pode defender e valorizar a fiscalização da atribuição de prestações como o subsídio de desemprego ou de doença, cujo rigor é um não desprezível factor de legitimidade e aceitação social), seja, sendo o caso, na assunção dos deveres inerentes às prestações, como por exemplo a resposta a ofertas de emprego ou a adesão a programas de inserção social.

A vinculação recíproca entre colectividade e solidariedade compreende, pois, uma relação biunívoca entre cada cidadão e a sua comunidade, uma espécie de compromisso mútuo entre o indivíduo e o todo. E este parece-me ser o melhor antídoto contra um dos vírus que mais ataca os fundamentos do Estado-Providência, a saber, a sua redução a uma lógica de remediação sem contrapartidas, com a consequente perpetuação da dependência de assistidos que só nominalmente se afastam da antiga condição de beneficiários da caridade pública.

Mas mais: esse compromisso mútuo pode ser alargado, num sentido propriamente republicano. A famosa frase de John F. Kennedy – "não penseis no que o País pode fazer por vós, pensai antes no que podeis fazer pelo País" – é nesta dupla declinação que deve ser plenamente compreendida: contribuí para a comunidade, para que a comunidade possa apoiar-vos, que a comunidade vos apoia para que vós possais contribuir. E, para fazê-lo, nada melhor do que recuperar e actualizar o clássico elogio republicano das virtudes cívicas, como a honra, a contenção, a temperança, a transparência, o altruísmo e a disponibilidade para o serviço público.

A cidadania é, por conseguinte, um exercício baseado na combinação de direitos e responsabilidades e contextualizado numa comum pertença e interacção pública: somos pessoas agindo na e para a *res publica*. A ideia do contexto é, aqui, muito importante – porque não se trata, ao contrário do que fingem crer tantos êmulos de Catão, de alguém se situar *fora* do quadro concreto de circunstâncias, restrições e compromissos (e também erros e falhas) que estrutura a acção cívica e a partir daí castigar os costumes, numa pose de moralista; trata-se, bem distintamente, de assumir as responsabilidades, os riscos e os custos do agir situado e limitado, que é, ao fim e ao cabo, o único capaz de gerar frutos. Não reside aqui uma das diferenças essenciais entre a esquerda de governo e a esquerda de protesto – e uma das razões principais da maior conformidade da primeira, impura que seja e porque impura, pressionada pelas circunstâncias e porque pressionada, filha e serva do tempo, aos valores republicanos?

O ideal republicano de entrega ao bem comum, defesa do interesse público, atenção ao que é património de todos, tem ganho uma enorme actualidade. Primeiro, com a emergência dos temas ambientais e, depois, com a mais ampla problematização do desenvolvimento sustentável, a questão da responsabilidade cívica perante os bens colectivos, os patrimónios herdados e as gerações vindouras tornou-se absolutamente decisiva. Maria de Lourdes Pintasilgo chamou-lhe, apropriadamente, "cuidar", cuidar dos outros, cuidar do futuro (Comissão Independente População e Qualidade de Vida, 1998). Esta atitude de cuidado – o cuidado com o planeta, a humanidade, o mundo em desenvolvimento, os grupos vulneráveis, as paisagens físicas e sociais em perigo, a atenção ao que é de todos, porque todos o recebemos e/ou todos o construímos e a todos pertence, ou melhor, todos somos seus circunstanciais usufrutuários e a todos cabe legá-lo aos que hão-de vir – esta atitude tornou-se central para o pensamento e a prática política.

Correlativamente, a sustentabilidade passou a ser uma das palavras-chave nas políticas públicas do nosso tempo, tão crucial na segurança social como no ambiente, na gestão dos recursos naturais como na salvaguarda do património. Mas ela só ganha pleno sentido no âmbito da concepção valorizadora do colectivo e da colectividade que julgo poder creditar às esquerdas. Incorporando duas convicções que lhes são típicas: a necessidade da intervenção pública para a prossecução de utilidades sociais – que contraria o axioma liberal da suficiência dos efeitos positivos agregados das múltiplas iniciativas individuais para realização de interesses egoístas; e a dinâmica progressiva da acção humana – que as distingue, como veremos com algum detalhe mais à frente, da representação conservadora da ordem social tradicional. Assegurar às gerações por vir as condições de usufruto e partilha de bens que consideramos comuns, escassos, frágeis e preciosos quer, pois, dizer, nesta concepção, definir um objectivo para políticas públicas e acrescentar aos bens recebidos os que é suposto que a humanidade, em cada tempo, vá construindo. O que, aliás, faz com que a transmissão intergeracional dos bens seja também a transmissão da responsabilidade de cuidar deles, para benefício das gerações que hão-de suceder à geração que nos sucederá.

Eis um duplo contributo da esquerda europeia à reconceptualização do Estado: como representação política de toda a sociedade, também e sobretudo na diversidade e conflitualidade que a constitui; e como palco e actor da tensão entre indivíduo e comunidade e entre colectividade e solidariedade. Não são estes motivos bastantes para autonomizar esta ideia de cidadania como um dos valores fundadores da esquerda democrática – e enunciar como colectividade a cor própria que ela acrescenta à matriz republicana?

9. O cosmopolitismo da esquerda democrática articula relatividade e universalismo.

O quinto valor constitutivo da esquerda democrática, a que chamei diferença, não requer menor complexidade analítica do que os anteriores. E é na relação com eles que melhor se compreende.

Em primeiro lugar, o valor da diferença está intimamente ligado ao da autonomia de cada sujeito, como pessoa livre e com vontade própria. E o direito à vontade própria significa a possibilidade e a legitimidade de uma vontade específica e diferente das demais. Neste sentido, a diferença é uma consequência da liberdade. E só pela aceitação da consequência se aceita verdadeiramente o princípio, que, para ser plena, a ideia da liberdade há-de incorporar e até encarecer a hipótese da dissidência: não se trata apenas de garantir a todos e a cada um que pode pensar por si, trata-se de garantir que nenhuma sanção sofrerá por pensar diferente.

Se quisermos dizer, com Eduardo Lourenço (2009: 50), que a esquerda é "o lugar histórico da *tolerância*" (e há boas razões para dizer que *deve* sê-lo), então teremos de acrescentar algo mais. Que o foi, desde logo, a partir daqueles que a prepararam, antes que a Revolução Francesa encenasse a geografia parlamentar de que saiu o seu actual nome: os humanistas europeus dos séculos XV e XVI, os fundadores das liberdades de pensamento e crença, nas Províncias Unidas do século XVII, os liberais ingleses de Seiscentos e Setecentos... Que se juntou e junta, por aí, à apologia liberal do individualismo empreendedor e inovador – do agente social que, no campo das ideias, dos negócios, das instituições ou dos costumes, não se remete ao papel de respeitoso seguidor do senso comum e da ortodoxia em cada momento predominantes,

antes os desafia com a crítica e a imaginação alternativa. Que, contra os liberais oitocentistas, estendeu o valor liberal da dissidência face à opressão política ao mais geral direito de oposição e resistência à exploração económica e à dominação social, investindo também em tal direito as classes populares e os movimentos sociais. E que se dividiu a si própria, sem remédio nem regresso, visto que os socialistas que prezam a tolerância não podem senão denunciar e combater os comunistas que, nos Estados que dirigiram ou na organização interna dos seus partidos e sindicatos, se caracterizaram pelas mais ferozes perseguições a dissidentes.

Quem quiser colocar-se do lado da esquerda democrática precisa de ser enfático neste ponto: amar a liberdade é também valorizar a dissidência, isto é, o direito a exercer a diferença como oposição e alternativa – não só caminho próprio como caminho outro e contrário. Até porque, muitas vezes, este é o caminho da mudança, da transformação e do progresso – e os dissidentes de hoje são os precursores, pioneiros, inovadores dos futuros consensos.

Claro que há espaço para a tolerância propriamente dita, que é a minha decisão de aceitar a expressão de opiniões com que não concordo, mesmo aquelas que frontalmente põem em causa pilares fundacionais das doutrinas ou instituições em que acredito. Claro que esse espaço não é infinito – desde logo, se se pode, no limite, tolerar a expressão da intolerância, não se pode tolerar, sob pena de contradição nos próprios termos, a prática ou o incitamento à prática da intolerância. Todavia, a não ser que se queira fazer da tolerância um "nome arrogante" (palavras de Kant, 2002: 17), não se pode concebê-la ao modo de uma liberalidade de superiores magnânimos face a divergências ou excentricidades de subalternos ou marginais, mas sim como a consequência, no plano da relação entre partes, do direito de cada uma à sua própria autonomia.

Em segundo lugar, na perspectiva da esquerda, a diferença é o contrário da identidade mas o correlato da igualdade. E eis porque está nos antípodas dos particularismos da direita tradicionalista, ou seja, dessas proclamações da singularidade essencial (transcendendo os actores e as circunstâncias de cada momento) de cada localidade, cada "província", cada "corpo de Estado", cada corporação profissional ou cada poder fáctico, como os exércitos e as igrejas, em que os conservadores sempre sustentaram a sua condenação da mudança social.

Como já vimos, nas concepções democráticas, a igualdade pressupõe a diferença. Por razões lógicas: se nada distinguisse os sujeitos, cada qual o mesmo que o outro, iguais por natureza em todas as características relevantes, a igualdade seria um dado e não uma questão, um ponto de partida e não um ponto de chegada, um constrangimento e não um objectivo. E por razões doutrinárias: é a associação entre igualdade e diferença que demarca a democracia da antiga tirania ou do moderno totalitarismo.

Igualdade quer então dizer equivalência (igual valor) entre diferentes. O que implica – e eis o traço essencial – não-discriminação: o facto de ser diferente não pode diminuir nenhum sujeito, individual ou colectivo, nos seus direitos, não pode significar desigualdade perante a lei. A assunção do valor da diferença funda o combate contra a discriminação. As pessoas não podem ser espoliadas dos seus direitos porque professem certas crenças religiosas, ou perfilhem certas ideologias, ou provenham de certas origens nacionais, regionais ou étnicas, ou pertençam ao sexo feminino, ou não sejam heterossexuais. Nem o credo, nem a doutrina, nem a cor da pele, nem a nação, nem a condição física ou social, nem o sexo e a orientação sexual podem quebrar a equivalência devida aos diferentes sujeitos que fazem as nossas comunidades.

Não preciso de recordar a intensidade das lutas necessárias para ir construindo patamares de não-discriminação, primeiro na esfera das ideias, depois no ordenamento jurídico, finalmente (e tão incompleta e precariamente ainda, mesmo no mundo mais civilizado!) na realidade social. Estas lutas foram também da esquerda contra os seus próprios demónios, da esquerda democrática contra as restantes e, tantas vezes, das correntes e organizações de esquerda contra as suas próprias bases sociais e eleitorais. A misoginia, o patriarcalismo, o colonialismo, o racismo e a xenofobia, o anti-semitismo, o fanatismo, a homofobia, às vezes até a eugenia foram e são pecados que assolaram quase todas as consciências, ninguém podendo proclamar, com honestidade, a inocência da sua família.

Mas o ponto fundamental a ter aqui em conta é que a acção pela não-discriminação reinstaura uma unidade – uma universalidade de direitos e uma equivalência de valores – aí onde pendia a ameaça da exclusão, da desagregação, da separação. Combater a discriminação é combater a desigualdade, não na base da identidade forçada entre os sujeitos (rapidamente tornados em súbditos desapossados de um monarca tirano ou de uma nomenclatura totalitária), mas sim na base da igualdade entre diferentes. Contrariamente, pois, à tradição conservadora (infelizmente retomada por algumas concepções multiculturalistas), que via no particular a prova da impossibilidade de um universal que o transcendesse, a não-discriminação reintegra e valoriza a singularidade de cada qual e a (possibilidade de) diferença face aos demais numa unidade de iguais direitos, de que a escala mais global e, por aí, eticamente decisiva é a própria humanidade.

Eis os alicerces do universal: a igualdade moral de todos os homens e mulheres, isso que os ocidentais devem ao cristianismo e outras civilizações deverão às suas religiões; o pluralismo constitutivo das comunidades sociais; e a reunião das partes em torno de valores e princípios de pretensão e vocação universal.

Portanto, o terceiro aspecto central do valor da diferença, para a esquerda democrática, é a sua associação ao pluralismo. Depois das articulações que já evidenciámos – entre a diferença, a liberdade e a tolerância, entre a diferença, a igualdade e a não-discriminação – é mister, agora, pensar combinadamente a diferença e o pluralismo.

Distingue-se por vezes, com pertinência, pluralismo (haver várias vozes) e diversidade (haver diferentes vozes). Fiel ao uso comum em teoria política, servir-me-ei da palavra pluralismo para englobar as duas dimensões. Porque é o nome político que melhor nos situa onde devemos estar: na posição radicalmente contrária ao sonho de Rousseau de uma democracia fundada numa "vontade geral", uniforme e não-fracturável, transcendendo e prescindindo de toda a representação.

A coisa é tão simples quanto isto: uma democracia que evacuasse o pluralismo não seria democracia. O pluralismo é, como argumentou Madison (*in* Hamilton *et al.*, 2003: 79-85), o fundamento mesmo da democracia – e é por isso que a representação lhe é consubstancial. O "povo" não é um soberano uno, movido pelo mesmo interesse e a mesma vontade. O povo, isto é, uma população organizada num Estado, um corpo de cidadãos, é um conjunto de pessoas e grupos diferenciados, com distintas condições, interesses e expressões. Essa diversidade constitui a sociedade política e deve ser representada, pluralmente, nas várias instituições de governo e administração. É este pluralismo que unifica, sem uniformizar; que permite enquadrar e gerir a conflitualidade, sem substituí-la ou escondê-la pela dominação; e que permite, em cada momento, realizar escolhas e delegar poderes em função das inclinações maioritárias – mas de maiorias ocasionais e políticas, e não de maiorias permanentes e orgânicas.

Em quarto lugar, a diferença articula-se com o reconhecimento. Palavra adequada, porque conota os dois movimentos necessários: um impulso de conhecimento recíproco entre as diferentes partes – interconhecimento dos valores, crenças, hábitos, saberes, artes de ser e agir, instituições; e o respeito mútuo, derivando, primeiro, da "aceitação do valor igual das diferentes culturas" (Taylor, 1997: 41-99) e, segundo, da consciência da pertença ou da possibilidade de pertença de todas elas a um quadro comum.

Este é, aliás, o ponto de clivagem entre a esquerda democrática e aquelas versões do multiculturalismo que se ficam pela equivalência das culturas diferentes, sem curar da comunicação entre elas e da vinculação a valores transversais, ou até exprobrando todo e qualquer passo nesse sentido, porque só interpretam a diferença como fragmentação em grupos de identidade cultural, soberanos e independentes, cujo único interesse seria "negociar" entre si sucessivos tratados de Tordesilhas. Ora, as identidades nem são essências a-históricas, nem compartimentos fechados a qualquer comunicação; e não há comunidade possível sem uma ideia ou um projecto ou um quadro de unidade que dê, ela própria, sentido à diversidade.

Os jogos de palavras são em geral exercícios fúteis; mas entre os que terão algum sentido estará manifestamente a tensão entre relatividade e relativismo. A primeira é o desenvolvimento normativo de uma observação empírica: as civilizações, as culturas, os tempos e os espaços, os grupos, as condições, os projectos, são diferentes e diversos; e nenhuma construção teórica ou política se pode fazer na base da desqualificação liminar de alguns e da imposição da hegemonia radical de outros. Já o relativismo significa negar a possibilidade da interavaliação crítica das culturas e afirmar, com desvelo ou resignação, o inescapável primado dos particularismos, que nunca poderiam ser integrados e reequacionados em qualquer processo de orientação globalizante.

A esquerda democrática, herdeira do Iluminismo, não pode aceitar o relativismo. Se o fizesse, estaria a negar alguns dos seus principais pilares, como o racionalismo, a crença no progresso e o optimismo histórico e, sobretudo, a postulação de direitos universais fundados na comum condição do homem; e estaria a abdicar de várias das causas que a justificaram, como o combate ao obscurantismo, ao fanatismo, à opressão. A consciência da relatividade, essa, é-lhe decisiva. Ela não fecha, abre, ela não cristaliza, dinamiza, ela não obscurece, clarifica, ela não convida à inacção mas sim à iniciativa. Dizendo-nos que não somos sozinhos nem soberanos, que nos conhecemos melhor conhecendo os outros e que nos compreendemos melhor do ponto de vista dos outros, convida à abertura e à comunicação. Sustentando que o mesmo se aplica aos outros, convida ao diálogo crítico e à interpelação recíproca. E assinalando um mundo de cruzamentos e intersecções, que não é feito apenas de territórios separados por fronteiras mas de viajantes que os atravessam e redescobrem, valoriza as misturas, as miscigenações, o nascimento de novas ideias e entidades a partir da fecundação das existentes.

A consciência da relatividade previne contra o etnocentrismo, que é a conversão de um particular em universal e o juízo dos outros segundo os nossos próprios critérios. Pelo contrário, reconhece e valoriza a alteridade, como a outra parte indispensável de cada "nós". E isto fundamenta um novo, mais amplo e mais equilibrado projecto universalista. Um universalismo necessário, porque, como bem notou Ulrich Beck (2006: 106-109), ele é essencial para que possamos compreender plenamente a alteridade – a diferença relativa e a contribuição específica de quem, sendo diverso, pertence a um género comum, a humanidade. E isto traz novas exigências à razão crítica: porque, como do amor dizia Carlos de Oliveira, nenhum diálogo se consegue sem dor, sem magoar e sofrer, sem questionamento, sem desconstrução, sem tensa comparação de valores e instituições.

Há um nome para a expressão cultural e política do reconhecimento intercultural. Esse nome é cosmopolitismo. Ele articula o quarto aspecto central do valor da diferença, de que acabámos de tratar, e é o reconhecimento, e o quinto, que precisamos agora de invocar para concluir o argumento – e é a integração.

Ser cosmopolita é, desde logo, ter uma atitude de abertura face ao outro. É cultivar e actualizar a clássica regra da hospitalidade, que já para os Gregos constituía um dever cimeiro da gente civilizada. Acolher o estrangeiro quer dizer, também, acolher bem, dispor-se a conhecer e a avaliar o estranho e o novo: hospitalidade face às ideias e seres diferentes, porque vêm de outros espaços do nosso tempo, ou vêm de outros tempos (do futuro, sim, mas também do passado: o cosmopolita tem uma atitude de abertura ao património herdado). É conjugar distinguir com incluir e não com excluir (Beck, 2006: 19-20).

Mas é mais do que isso, ou melhor, é o pleno desenvolvimento disso. O cosmopolita não é só o nativo hospitaleiro, é também o forasteiro viajante ou migrante disponível para o acolhimento, o contacto com o local e o respeito pelas suas normas e rotinas – disponível, até, para a eventualidade de aprendê-las e incorporá-las. Ponto muito importante, que faz aliás do fundamentalismo religioso o pior dos actuais inimigos do cosmopolitismo. Mais uma vez, o cosmopolita é aquele que está à vontade na relatividade, porque a vê como um recurso de enriquecimento cultural e social. E, finalmente, é um universalista: porque a convivência com as diferenças tem por base o princípio de que, verdadeiramente, o único lugar possível de pertença é o mosaico delas, a globalidade delas, que é essa a única unidade que faz sentido num mundo plural.

Não basta, por conseguinte, afirmar, mais ou menos ritualmente, que a esquerda democrática reconhece (não tolera, reconhece) e valoriza (não aceita, valoriza) a diferença: e daí retira consequências decisivas para políticas tão diversas como as relativas aos imigrantes, ao direito de nacionalidade, às pessoas com deficiência, à educação obrigatória, às minorias étnicas e religiosas, às subculturas ou à orientação sexual. É preciso acrescentar que esta esquerda acolhe a diferença para integrar o diferente, num novo quadro comum – um espaço de identidades compósitas, projectos plurais, mas o mesmo laço cívico e igualdade de direitos e oportunidades.

III

A IDENTIDADE

10. Os valores da esquerda democrática contrastam sobretudo com os valores do pensamento conservador.

Propus a imagem de uma estrela de cinco pontas, para representar uma constelação de valores básicos, aceitáveis para a esquerda democrática. É uma representação normativa: não apenas o que julgo que é hoje esta esquerda, mas também o que julgo que ela mais deve valorizar, na sua identidade e na sua dinâmica – o que ela deve ser. O traço porventura mais característico da minha síntese é que, ao arrepio de uma tradição consolidada no interior do pensamento político da esquerda, escolhe começar pelo valor da liberdade, como valor inicial, o princípio de tudo. É a partir dele que encadeia os valores da igualdade, da justiça, da colectividade e da diferença, os quais parece ficarem mais esclarecidos quando colocados em relação uns com os outros.

Eis uma maneira de olhar para a esquerda. Não é, porém, a única. Esquerda e direita definem-se por contraposição, nenhuma existe por si. Portanto, uma abordagem complementar que pode ser útil é aquela que põe em contraste os respectivos valores.

Tentarei agora fazê-lo. Mas devo prevenir que não é meu propósito analisar o conjunto dos valores políticos que identificam a direita e muito menos revisitá-los e desenvolvê-los normativamente. Para obter o contraste que pretendo, isolarei os valores de direita que creio mais se oporem aos que defendi aqui para a esquerda democrática – e a sua leitura em nada será neutra, já que é exactamente a perspectiva desta esquerda o foco de que me sirvo.

Assim, sugiro uma representação em triângulo, para dar conta dos valores da direita que, do ponto de vista da esquerda, são mais contrastantes com os seus. Num lado coloco a ordem, noutro a autoridade e no terceiro a segurança.

Na base da conhecida desconfiança e, até, hostilidade à mudança social – e, por consequência, da dificuldade de incorporar as dimensões de dinamismo, progressividade e incerteza enformadoras da modernidade – está a convicção, que tão profundamente tipifica a direita conservadora, sobre a superioridade intrínseca da (e de uma) ordem social. Defesa de uma hierarquia natural das coisas, fundada na tradição, isto é, no que já existia antes de cada sujeito e que cada sujeito só em último caso deverá questionar: uma estrutura de organização das coisas, um quadro mental e de costumes, uma rotina, uma herança, uma arrumação dos seres e dos objectos em lugares previamente destinados, um *statu quo*. Os argumentos reaccionários contra a mudança social, que Hirschman (1997) tão bem compendiou – o argumento da futilidade de transformações que afinal não passariam da espuma das coisas, o argumento da perversidade de acções que afinal produziriam o efeito contrário ao pretendido, o argumento do risco de o voluntarismo transformador semear tempestades que não poderá depois controlar – é nesta concepção que estão cognitiva e moralmente ancorados.

Na prática, as tradições são muito mais plásticas do que esta direita imagina. As tradições são construções sociais dinâmicas, o presente está sempre a reconfigurar o seu próprio passado, e de forma plural e contraditória, e o que transporta do passado serve também para lidar com as oportunidades e as incertezas do futuro. O que está aqui em causa não é, pois, o valor da tradição, mas sim a sua declinação como ordem: a desconfiança quase se diria visceral face a tudo aquilo que signifique alteração da ordem, e a permanente propensão a sobrevalorizar o estádio social imediatamente anterior àquele em que nos encontramos.

O segundo traço da visão direitista do mundo mais contrastante com a caracterização que propus da esquerda democrática é o lugar atribuído à ideia de autoridade. Tal como a ordem conota o desejo de que a estrutura social consolidada num tempo longo prevaleça sobre os projectos de iniciativa e intervenção orientados para a mudança, e congruentemente assinala os riscos e perigos inerentes a tais desafios à tradição, a autoridade conota o desejo de que seja a hierarquia o princípio organizador, e por aí ordenador, da estrutura e das rotinas sociais.

A hierarquia estipula uma correspondência entre a escala que diferencia as pessoas e os grupos segundo as respectivas condições (quaisquer que sejam os critérios, a linhagem, o rendimento, a profissão, o diploma, o cargo...) e a escala que distribui os poderes. À desigualdade das condições deveria corresponder a assimetria no mando, que por isso mesmo haveria de respeitar, como critérios fundamentais, a legitimidade, a firmeza e a protecção. E a autoridade é isto: o poder legítimo, justificado pelos critérios internos à esfera do poder (a tradição, o carisma, a legalidade, para usar a tipologia de Max Weber, ou equiparáveis) e socialmente reconhecido como uma tradução política do ordenamento social; o poder forte, apetrechado com os instrumentos necessários para ser eficaz e obedecido e não complacente perante as ameaças à ordem que realiza; o poder protector, assumido com responsabilidade e comprometido com a segurança e o mínimo vital dos seus subordinados.

Os liberais contestaram com vigor este padrão. Locke (1999: 117) defendeu que o poder legislativo "não é mais do que um poder delegado pelo povo". Kant (2002: 75) identificou o "governo paternal", que trata os "súbditos como crianças menores", como uma forma de despotismo; e contrapôs-lhe o "governo patriótico", que encara as pessoas como cidadãos. Mas o modelo resistiu e resiste, até porque, como bem notou Georges Lakoff (2004), tem raízes numa estrutura mental, isto é, num modo de considerar, conhecer e interpretar o mundo. Pensando nos republicanos norte-americanos, Lakoff descreveu esta estrutura como o "modelo do pai rígido": uma família tradicional, com autoridade indisputada de pais sobre filhos e distinção clara de papéis entre pai e mãe, reservando ao primeiro as funções de provisão, decisão e coerção.

Uma ordem na estrutura social, baseada no respeito pelo que existe e, se existe, não deve ser, por regra, questionado e muito menos alterado; uma ordem na relação de poder, baseada na autoridade, como poder legítimo, ao mesmo tempo dominador e protector, forte e responsável. É lógico, portanto, que o terceiro lado do triângulo seja a segurança, porque ordem, autoridade e segurança reenviam-se e reforçam-se entre si.

Neste sistema de valores, a palavra segurança compreende três significados complementares.

O primeiro é a protecção (legal e física) da pessoa e dos seus bens, face à violência, à espoliação e ao abuso. A segurança é aqui uma garantia, que os homens começaram por assumir como responsabilidade individual e familiar (de cada um perante si próprio e os seus dependentes) e depois endossaram, pelo contrato social, a uma comunidade política e jurídica que os representa e pode, por isso, deter em seu nome o monopólio da força legítima. Ninguém estranhe, por consequência, a enunciação desta responsabilidade como a principal razão de ser do Estado e das suas instituições, nem o tendencial confinamento do Estado às chamadas funções de soberania, como a segurança interna, a justiça, a defesa e as relações exteriores.

O segundo significado é estabilidade, também ela uma protecção, mas agora contra a incerteza, o risco e o desarranjo. Promessa de um mundo desigual e assimétrico, mas (ou mesmo por isso...) previsível, arrumado, persistente – seguro. É nesta dimensão que mais claramente se nota a triangulação: a ordem é preferível porque proporciona a segurança, a autoridade é necessária porque a realiza, a segurança é a justificação teleológica da ordem e da autoridade.

Mas há um terceiro significado, que não é menos importante, designadamente em termos de psicologia colectiva (aliás, mil vezes glosado na representação cinematográfica do *midwest* americano). Chamemos-lhe conformidade, isto é, adaptação do indivíduo, conformando-se, ao consenso normativo da sua comunidade – ou, dito pela negativa, dissuasão da interpelação da hegemonia. No processo de "fabricação do consenso" (na conhecida expressão de Noam Chomsky), esta dimensão de segurança tem sido um factor muito eficaz. Ela compensa menor autonomia com maior protecção. Mas acrescenta-lhe a propensão para denegar a alteridade e a desconfiança, senão medo, face ao outro, àquele que vindo do exterior parece desafiar ou ameaçar o consenso comunitário. Os perigos não se reduzem, pois, ao dissenso e à dissidência, perturbadores da ordem e interpeladores da autoridade; compreendem também o que, por referência ao que é hegemónico, represente a diferença, a estranheza, a margem, o exterior. Para que o mundo seja seguro, não basta pois que seja protegido e estável, é preciso que esteja, seja, conforme.

Não deve desprezar-se o poderoso efeito de estruturação social desta cosmovisão fundada no desejo de ordem, autoridade e segurança. Como os sociólogos sabem e os leigos intuem, a rotina, como possibilidade de dar como garantidas certas regras, eventos e interacções, cumpre uma decisiva função de coesão e reprodução social. E quem ler Burke não deixará de reconhecer que a atenção às instituições historicamente consolidadas, a compreensão das maneiras de ser e agir constitutivas das identidades culturais e o respeito pelos consensos laboriosamente tecidos nas várias escalas de organização das nações, defendem os povos de muitas disrupções e derivas da engenharia social revolucionária.

Mas, como é da lógica da controvérsia nas ideias, a teoria normativa que parte da perspectiva da esquerda democrática tende a acentuar os riscos para a plena assunção de uma democracia pluralista moderna associados a essa cosmovisão. Amor à ordem não quer dizer automaticamente reaccionarismo – mas é pelo menos complacente com a deriva reaccionária de desconfiança sistemática face ao que é novo e altera o existente. O valor da autoridade não implica necessariamente autoritarismo – mas ele subjaz ao modelo familiar patriarcal em que tantas vezes se quer ver a sua mais lídima expressão. Ser pela segurança não é necessariamente ser securitário – mas o receio do outro pode induzir uma atitude de agressiva hostilidade face ao estrangeiro, ao minoritário e ao marginal e a aceitação da restrição, em nome da segurança, das restantes liberdades e garantias.

A direita que se sentir injustamente maltratada neste retrato só pode, aliás, queixar-se de si própria. O desvelo com que acarinhou a vaga neoconservadora, como alternativa finalmente capaz de desafiar a hegemonia liberal no campo intelectual, impediu-a de compreender que estava a ser encostada ao lado mais agressivo e intolerante do espectro ideológico. No quadro europeu (que é o que serve de referência ao presente ensaio), onde o isolacionismo, o fundamentalismo cristão e as organizações paramilitares têm muito pouco apoio social e pouca ou nenhuma dignidade na esfera pública, a importância desta direita tem de ser relativizada. Mas ela chegou a ser hegemónica na América de George W. Bush e a linguagem belicista da "guerra das civilizações" teve efeitos muito fundos dentro e fora dessas portas. E, contudo, como lembra Lakoff, é singular, para quem tanto diz prezar a tradição e tanto gosta de salientar a excelência dos "valores americanos", que se coloque, na prática, em contraponto à tradição e aos seus valores – porque os pais, os valores e as regras fundadoras da democracia americana não são os de uma "guerra civil cultural", mas pelo contrário a celebração da diversidade, do pluralismo e da tolerância, e não são de hostilidade mas pelo contrário de adesão ao movimento, ao progresso e à modernidade (Lakoff, 2004: 111-119).

11. Por seu lado, o pensamento conservador desconfia radicalmente da constelação de valores típica da esquerda democrática.

Com as necessárias ponderações geográficas e temporais, julgo poder dizer que os valores da esquerda democrática se caracterizam bem, não só em si próprios, mas ainda por contraste com a lógica do pensamento e da moral conservadora. Na versão mais antagónica àquela esquerda, esta lógica é totalmente dominada pelos valores da ordem, da autoridade e da segurança. Mas, mesmo quando não dominam tais quais, estes valores não deixam de estar presentes, é certo que com diferente coloração e intensidade, nos eixos essenciais de qualquer pensamento politicamente conservador (e já veremos adiante como atravessam a própria oposição entre direita e esquerda...).

Sintomaticamente, não incluí nenhum destes valores no quadro com que procurei identificar a esquerda democrática. O que significa que a nenhum deles reconheço centralidade equivalente à que me parece terem a liberdade, a igualdade, a justiça, o sentido de colectividade e a diferença. É evidente que interpelam a esquerda, a qual tem de se pronunciar a seu propósito – e disso tratarei mais à frente. Mas antes devo percorrer a direcção inversa: partindo sempre da perspectiva da esquerda democrática, que toda a comparação é aqui normativa e situada, salientarei como creio que o pensamento conservador estruturado pelos valores que individualizei encara cada uma das pontas da estrela com que representei a "minha" esquerda. Só assim ficará manifesta a amplitude do contraste entre as duas visões do mundo.

O valor da liberdade tende a ser considerado pelo pensamento conservador, explícita ou implicitamente, como inferior aos da ordem, da autoridade e da segurança. Mais uma vez, isto é particularmente nítido nos Estados Unidos, onde a contraposição fundamental se estrutura significativamente entre conservadores e liberais – e onde o termo liberal é usado depreciativamente pela direita para conotar um risco de anomia. Mas também na Europa se encontra esta menorização da liberdade e, sobretudo, o foco na sua dimensão dita negativa[5].

Para a direita, a liberdade é assumidamente a liberdade do indivíduo, que o protege do Estado, é uma liberdade contra o Estado, a defesa da esfera privada contra a intromissão de poderes exteriores a ela. É uma garantia contra o arbítrio e um direito à autonomia, desde

---

[5] Mesmo pelo menos parte da direita liberal, que tanto exalta o indivíduo contra o Estado, não é inteiramente consequente com o seu ponto de partida, no balanço a que procede entre liberdade, tradição e segurança. É como se se definisse mais *contra* o Estado do que *a favor* do indivíduo. A concepção libertária, no que toca aos direitos pessoais, não parece situar-se à direita. Mais uma razão para recusar a divisão esquemática entre uma direita que encareceria a liberdade e uma esquerda que encareceria a igualdade...

logo, pessoal e, depois, de cada família e de cada comunidade (local, religiosa, e assim sucessivamente). O conteúdo principal da liberdade é a garantia da pessoa, o direito de propriedade, a liberdade de iniciativa económica e o primado da auto-regulação normativa.

Esta caracterização não pode nem pretende esquecer ou contornar o empenhamento da direita democrática – dos conservadores e, por maioria de razão, dos liberais de direita – na causa da liberdade, quer no debate intelectual quer na prática política. Seria aliás totalmente despropositado: não foi o conservador Winston Churchil quem mais depressa se colocou na linha da frente contra a agressão nazi?; não se deve a autores como Raymond Aron alguns dos melhores contributos para uma teoria esclarecida da liberdade e para a crítica do totalitarismo?; não se destacou o papa João Paulo II na transição pós-comunista de todo o Leste europeu?

Mas pode e pretende, isso sim, distinguir os acentos que a direita e a esquerda democráticas colocam na liberdade: a primeira, na liberdade "negativa", individual e económica, contra o abuso do poder e a intromissão do Estado na esfera privada; a segunda acrescentando à dimensão negativa, que não exclui, a chamada dimensão positiva, da liberdade como participação, interpretando os direitos pessoais como direitos civis e políticos.

Quanto ao valor da igualdade, a direita acompanhará a esquerda na consideração da igualdade como dimensão da liberdade: sem igualdade perante a lei, não se torna efectiva a liberdade de cada um e os direitos, liberdades e garantias deixam de ser universais. Mas não a seguirá na ponderação da igualdade como condição da liberdade[6].

---

[6] Especifiquemos. É certo que a direita política e social europeia (e muito mais a americana, já para não falar dos seguidores de regimes autoritários e ditatoriais) levou muito, muito tempo a aceitar a igualdade perante a lei das mulheres, dos colonizados, dos negros, das minorias. A esquerda não esteve inocente: denegação equivalente exprimiu – embora se possa dizer que, em geral, tendeu a abandoná-la mais cedo (cf. Sassoon, 2001). Mas, se como veremos mais à frente, a questão da não-discriminação está muito longe de ser uma reminiscência do passado, também é correcto verificar o amplo consenso político em torno da igualdade jurídica. Por outro lado, quando se fala da igualdade como condição da liberdade, é nos termos que já atrás revisitámos: igualdade de oportunidades, discriminação positiva, justiça distributiva – e não do ponto de vista do igualitarismo puro e duro. Não obstante, a direita tende a, pelo menos, não aderir tanto quanto a esquerda a esta visão da igualdade que a articula às políticas sociais.

Associadamente, o sistema de valores conservador tende a enfatizar a justiça comutativa (sancionar pela falta, reparar os danos), colocando em patamar mais baixo a justiça distributiva e a equidade. A expressão política mais notória desta valoração são as reticências face ao Estado--Providência.

O caso europeu é singular: já no século XIX, por pressão do movimento operário mas decisão de governos conservadores, se começou a construir um sistema de seguro social para cobrir eventualidades como a velhice e os acidentes de trabalho; depois, na base do actual modelo social está um compromisso duradouro entre democratas-cristãos e socialistas; e, por fim, na origem intelectual e política do intervencionismo público ou da previdência social em regime de repartição encontram-se homens de profissão política liberal (os ingleses Keynes e Beveridge). Neste caso, não é tanto a arquitectura fundamental do Estado-Providência – o sistema de segurança social fundado nas contribuições de trabalhadores e empregadores, o serviço nacional de saúde universal e pago fundamentalmente por impostos, o apoio social de solidariedade também financiado por impostos – que está em causa, mas sim a denúncia crítica do seu funcionamento e dos efeitos de dependência que alegadamente gerará, ou a defesa dos sistemas mistos e da chamada liberdade de escolha. Mais uma vez, na América do Norte a oposição é mais clara e violenta. Como se viu, em 2009, nos Estados Unidos, na reacção à proposta, aliás muito recuada segundo padrões europeus, de Barack Obama para estender a toda a população a provisão de cuidados de saúde, o preconceito contra o Estado social pode ser feroz.

A apreciação conservadora da tradição como ordem não deixa de pôr em relevo o valor da colectividade e do sentido de colectividade. O que aos olhos conservadores se deve, quase instintivamente, respeitar e reproduzir, e só em necessidade extrema questionar ou alterar, é precisamente a construção, no tempo longo, das estruturas sociais: raízes, pertenças, identidades, rotinas, posições, que conferem espessura, duração, estabilidade, integração e unidade. Ao contrário do liberal, o conservador não parte do indivíduo para a sociedade, mas da sociedade para o indivíduo, não parte da acção individual para o efeito social mas do laço social para a acção individual. E isso não deixou de dotar o pensamento social oriundo da sua área política de algumas ferramentas eficazes na superação de certos limites do conhecimento baseado nos pressupostos utilitaristas e no chamado individualismo metodológico, como a economia clássica e neoclássica.

Mas, no plano normativo que aqui retemos, a mesma palavra "colectividade" tem significados opostos para a visão conservadora e para a visão progressista. Naquela, vale sobretudo o tópico da transmissão (em latim, *traditio*) intergeracional de um padrão essencial – transcendente face a cada conjuntura porque elaborado na longa duração histórica – de organização e ordem social; e vale concomitantemente o tópico de uma coesão social fundada na unidade comunitária (nacional, religiosa, étnica, cultural...), na hierarquia dos estados, ordens ou classes e na respectiva expressão política, com instituições perenes integrando os indivíduos, os grupos e os seus actos e com elites legitimadas dirigindo os povos. Quem se lembre da frase atribuída a Confúcio – "dirigi o povo como se celebrásseis uma grande cerimónia" – talvez compreenda melhor a matriz lógica da atitude conservadora (e o seu formidável alcance, que chega ao cerne da ortodoxia comunista...). A esquerda democrática, por seu lado, que, ao contrário dos liberais, reconhece e valoriza os sujeitos sociais colectivos, grupos, classes ou movimentos, e que, ao contrário dos conservadores, aprecia o dinamismo e a mudança, liga o sentido de colectividade a uma projecção progressista do futuro e encara a colectividade não como coesão pressuposta mas sim como coesão conquistada, em resultado das tensões e dos compromissos entre as diferentes forças e interesses que constituem uma sociedade pluralista – e que a sua organização política tem de representar, para se poder dizer democrática.

Por tudo isto, e finalmente, um oceano separa o princípio da diferença – e a sua concepção como um direito, direito à diferença e direito à não-discriminação – do quadro de valores da direita conservadora. No mais fundo de si mesma, esta tendeu sempre a ver a diferença como uma ameaça potencial.

12. Mas a esquerda democrática também se opõe à esquerda conservadora e à direita liberal.

No plano dos valores como no plano dos programas e das acções (aqui só consideramos o primeiro), a esquerda democrática opõe-se com clareza às restantes correntes políticas. O maior contraste parece-me verificar-se face à direita conservadora. Porém, quer a afirmação dos valores próprios quer a comparação com aqueles mais caracteristicamente associados (bem entendido, de uma perspectiva de esquerda democrática) à referida direita, evidenciam outras não menos claras linhas de fractura.

Primeiro, face a uma esquerda que também é conservadora, para além de autoritária. Basta fazer o mesmo que Albert Hirschman (1997), concentrando-nos nos argumentos contra a mudança (os argumentos da futilidade, da perversidade e do risco), para notar a convergência das forças, oriundas dos dois extremos do espectro político, que desconfiam por sistema da transformação social: os conservadores de direita, tradicionalistas, que nela vêem sempre uma ameaça de desordem e caos; e os conservadores de esquerda, comunistas ou radicais, que, a pretexto de que a reforma é sempre um remendo e uma relegitimação da ordem e uma tentativa de anular a "verdadeira" revolução, desde há muito se tornaram, de facto, porta-vozes oficiosos de interesses beliscados por impulsos reformistas para a modernização.

E o que vimos suceder no século XX já não deve permitir nenhuma espécie de ilusão. O mundo conheceu formidáveis revoluções, no sentido de alterações sistémicas das estruturas e das práticas sociais: na tecnologia como na economia, na cultura como nos comportamentos, na relação entre gerações como nas questões de género, nas instituições políticas nacionais e internacionais. Outras revoluções equivalentes estão em curso ou são desejáveis, por exemplo no ambiente, na energia, nos direitos civis. Mas todos os projectos e processos de revolução sociopolítica comandada por vanguardas autoconstituídas e organizadas, foram processos ou projectos de paralisação e congelamento da história e de formação de ordens autoritárias ou totalitárias. Foram e são projectos contra a dinâmica histórica, contra a inovação e a mudança social e contra a consideração de homens e mulheres concretos como sujeitos autónomos, dotados de vontade e iniciativa. São denegações da liberdade e do progresso. E falo das diferentes variantes das revoluções comunistas como do fascismo revolucionário, que tantos artistas modernistas encantou nos anos 1920 e 30, falo das diversas sortes de fundamentalismo religioso, falo dos terrorismos de extrema-esquerda como de extrema-direita, falo dos sonhos tecnocráticos e de fascismo "branco", falo, ai de nós!, em tantas sementes de terror a germinar no coração mesmo de zonas libertadas contra o colonialismo ou a opressão...

Nenhuma ilusão nos é, pois, consentida, no século XXI. Poucas clausuras haverá mais sufocantes do que a organização interna das organizações revolucionárias; e o igualitarismo radical que tudo sacrifica à plena identidade das condições tantas vezes se confunde com o velho e arcaico apelo à segurança, à previsibilidade, à ordem pré-estabelecida do mundo, ao retorno indolor a uma qualquer pretérita idade do ouro rutilante ou da áurea mediocridade.

Insisto, portanto, no que tem sido, desde o início, a linha de argumentação deste ensaio. O eixo em torno do qual gira a identidade da esquerda democrática, quer na sua afirmação intrínseca, quer na contraposição com as correntes alternativas, é o valor da liberdade; e a fractura principal ocorre entre a sua orientação progressista e a pulsão conservadora, qualquer que seja a sua cor. Isto que é tão evidente na América do Norte há-de sê-lo na Europa – mesmo que, aqui, as circunstâncias façam forte um centro-direita também ele liberal e progressista no plano dos direitos pessoais e das instituições, e ainda mais forte façam a vinculação ao Estado social que atravessa diversas famílias políticas.

O que desenha uma segunda oposição fundamental, que é decisiva na Europa mas está longe de ser irrelevante nos Estados Unidos: a que se estrutura em torno das possíveis ligações entre liberdade e igualdade – e o papel nelas do Estado e das instituições públicas. A esquerda democrática opõe-se à direita liberal pelo peso que concede à redução das desigualdades por via da política pública, em sede de rendimentos e preços, contribuições e impostos, transferências e apoios sociais ou igualdade de oportunidades no acesso à educação ou aos cuidados médicos. E opõe-se à esquerda igualitarista (assim como, aliás, a certas declinações da doutrina social da Igreja católica e da moral social calvinista) por não conceber a igualdade como uma rígida identidade de condições e por não entendê-la como um bem de hierarquia superior à liberdade.

13. A antropologia da esquerda democrática é humanista, racionalista, pró-activa e optimista.

Afirmando, num primeiro andamento, os valores próprios da esquerda democrática europeia e confrontando-os, em segundo andamento, com aqueles que mais flagrantemente se lhe opõem, é possível, julgo, atribuir-lhe um primeiro cartão de identidade. Esta esquerda é demo-liberal: frontalmente contrária à ditadura e ao autoritarismo político, adepta do Estado de direito fundado nos direitos, liberdades e garantias e subordinado à lei, e praticante da democracia pluralista, assente em eleições periódicas por sufrágio universal e na interdependência dos poderes. É uma esquerda progressista: incorpora a mudança social como um valor positivo e crucial, dela fazendo finalidade por excelência da acção humana e justificação e objectivo explícito de políticas públicas; conhece certamente os limites e os riscos da engenharia social e longe está do seu espírito a construção totalitária do "homem novo", mas assume uma ambição reformista, tentando melhorar o mundo que existe e o bem-estar dos seus habitantes. É uma esquerda moderada, ou temperada – o que não é oposto a ser radical, como é e deve ser, designadamente na defesa da liberdade e da democracia; exactamente porque, ao contrário das derivas revolucionárias, não está disponível para suspender ou subordinar os direitos pessoais a qualquer fim colectivo – e porque acredita, ao contrário dos extremistas, na dialéctica entre conflitualidade e compromisso própria das sociedades pluralistas e em movimento. É cosmopolita: a unidade de que parte, a que para ela conta, é a humanidade como tal, porque esta é a condição em que ninguém pode ser estrangeiro; e daí deduz que cada grupo, cada povo, cada Estado, cada sociedade se empobrece no isolamento e se enriquece na abertura e na comunicação.

Estes são valores políticos, de conteúdo imediata e principalmente político e que remetem para escolhas políticas. Não quero, num ensaio de teoria política normativa, substituir a política pela moral ou a metafísica. Mas isto não significa negar que a esquerda moderna e europeia não se reveja numa certa antropologia filosófica, numa certa concepção do ser humano.

Da minha parte, sublinharia, em tal concepção, quatro traços fundamentais.

O primeiro é o humanismo. E não me parece haver aqui qualquer redundância; ao invés, é eloquente o contraste entre a natureza humanista da abordagem democrática europeia e as raízes doutrinárias de regimes ou movimentos que se distinguem pela negação do valor próprio de cada pessoa.

Ora, essa abordagem apresenta uma dupla vinculação. De um lado, à celebração do homem como o construtor das cidades e das respectivas leis, procurando a justiça e o bem comum – uma celebração que subjaz à teoria política da Grécia clássica e é expressa lapidar e admiravelmente pelo coro, no primeiro estásimo da *Antígona* de Sófocles (2003: 323-324): "Muitos prodígios há; porém nenhum/ maior do que o homem. [...]. A fala e o alado pensamento,/ as normas que regulam as cidades/ sozinho aprendeu". Vinculação, do outro lado, à inovação maior do cristianismo, quando postulou a igual dignidade de todos os homens, qualquer que seja a sua condição, face a Deus. A esquerda democrática europeia é herdeira dos dois humanismos, até na sua confrontação. Por isso acrescenta àquele, o clássico, a integração de todos na *polis*, a todos reconhecendo a qualidade de cidadãos, e a este, o cristão, a separação das esferas política e religiosa, que o próprio Cristo ensinara mas Roma pusera subsequentemente em causa.

Alguns dos princípios básicos da visão do mundo da esquerda democrática derivam directamente da sua dupla vinculação à Antiguidade e do modo como os séculos XV e XVI a actualizaram e enriqueceram, no Humanismo renascentista. São, entre outros, a preferência pela paz e por tudo o que represente convivência pacífica e geradora de compromissos e benefícios recíprocos entre diferentes povos – como as línguas de cultura, as artes e os saberes, a diplomacia e o concerto das nações, o comércio e as comunicações, o humanitarismo...; e o respeito pela pessoa física e moral de cada um, que, combinado com a crença na capacidade humana, leva à recusa da pena de morte e à adesão à justiça penal que integre, a par das funções de punição e prevenção, dimensões de recuperação e reinserção.

A antropologia filosófica de que mais se aproxima a teoria política da esquerda democrática é também racionalista. Vê na razão a faculdade humana por excelência e eminentemente crítica.

Aqui, a esquerda é muito devedora do Iluminismo. Já não tem de acompanhá-lo na atitude de soberba intelectual e desqualificação de outras facetas do ser e agir social, uma soberba que a história subsequente se encarregou de pôr em xeque. Hoje, a própria ideia de racionalidade compreende outras dimensões para além da dimensão cognitivo-instrumental em que se focou a primeira modernidade. Mas creio que a valorização da razão crítica continua, e bem, no cerne do projecto político da esquerda democrática.

Por vários motivos e com várias implicações. Desde logo, significa atribuir ao homem a capacidade de, através do conhecimento, entender, compreender o mundo – e poder intervir sobre ele. Iluminar, esclarecer, tornar, pois, apreensíveis e compreensíveis as coisas e o nosso lugar e acção nelas. Significa, em seguida, acentuar a condição do homem como sujeito: a razão confere autonomia, liberta cada pessoa dos constrangimentos da obediência ou submissão a dogmas, rotinas ou comandos cujas lógica e justificação são nulas ou opacas. A razão emancipa, é pela razão que o ser humano adquire dignidade e individualidade plenas. Correlativamente, faz desenvolver a capacidade de julgar, comparar as qualidades, ponderar valores, controlar observações, apresentar e requerer provas, escrutinar e apreciar. Em suma: a razão é crítica, a faculdade crítica por excelência. E, enfim, mas não menos importante, a razão, potencial de todos os seres humanos, promove um espaço e um modo de interagir, trocar informações e ideias, comunicar a partir de diferentes pontos de vista. É, pois, possível estabelecer um debate intelectual onde os argumentos possam formar-se e circular entre sujeitos disponíveis para avaliar o mérito relativo de cada um deles e ajustar as suas próprias posições à dinâmica que resultar da discussão – fazendo-o publicamente e para benefício comum.

Não falamos de uma razão absoluta, à maneira de Hegel, mas de uma razão crítica, herdeira de Kant. A meu ver, a esquerda democrática precisa desta última razão e não deve abdicar dela. Deve ser, por isso, muito céptica face àquelas sugestões pós-modernistas de evacuação ou menorização da racionalidade, porque tudo seria só narrativa e nada comensurável. A razão que esclarece e emancipa é, bem entendido, a razão que se exerce não pelos argumentos de autoridade mas sim pela disponibilidade para a prova e a refutação; e é ela que requer e possibilita o debate público entre intervenientes tornados iguais pela condição de dialogantes racionais. Neste sentido, a teoria normativa da esquerda democrática incorpora a concepção da ciência como conhecimento refutável, que devemos a Popper, e a descrição do espaço público como realização institucional e cognitiva da argumentação racional, que devemos a Habermas.

Vou fazer uso de alguma liberdade, face às questões de terminologia técnica, para designar como activismo o terceiro dos quatro traços que pretendo salientar. O que intento exprimir é que me parece estar no coração da esquerda democrática uma atitude de pró-actividade. Para ela, cada pessoa é um sujeito: não é mero produto, ou portador, ou agente de uma determinação que lhe seria totalmente transcendente. Esta representação, na qual tendem a convergir os tradicionalistas e os marxistas, é-lhe estranha. O que não significa que perfilhe tal qual a visão atomística própria do liberalismo, e a sua miopia face às estruturas sócio-históricas. O sujeito a que apela a esquerda moderna é um sujeito socialmente situado e condicionado (negativa e positivamente). Mas é um actor, isto é: alguém que age, individual e colectivamente, age em relação, e assim gera, produz, cria, forma e transforma.

Propensão para agir, orientação para o futuro, capacidade de provocar a novidade, causar o inesperado, tornar possível o improvável, tomar a iniciativa e iniciar (Arendt, 2001: 225) – capacidade de intervir e de fazer. Esta representação da *condição humana* – que também poderíamos fazer remontar à Grécia antiga – é crucial para o nosso entendimento das políticas públicas. Porque elas são artes de fazer, mediante escolhas, num e noutro plano tarefas colectivas, de sujeitos-em-relação, que são porque interagem num espaço próprio, que é a esfera pública da cidadania. Se, como vimos, a esquerda se vinculou historicamente aos gestos e projectos de insatisfação, de revolta, de reivindicação, e aí buscou uma das ligações matriciais com a justiça (indignação face à injustiça e sede de justiça), se tantas vezes preferiu o inconformismo à aceitação, não foi, porém, como expressão política, para se quedar pela contestação, mas sim para encontrar nela uma razão de agir e transformar, fazer e refazer. E, por isso mesmo, cedo se distinguiu a sua corrente democrática e reformista dos movimentos que se consumiam na contestação, como os ludditas face às máquinas da primeira industrialização, assim como se demarcou e combateu o apelo nihilista à simples destruição do que se julga oprimir-nos.

Daí que seja caracterizada também por um certo optimismo histórico. A antropologia filosófica que tende a fazer sua é marcada pela crença no homem e no progresso.

Esta convicção é o contrário do historicismo (Popper, 1993: I, 13-17). Não é o reconhecimento de grandes leis históricas, nem a proclamação da inelutabilidade da evolução num sentido pré-estabelecido. A história não é a representação de um espírito ou de uma marcha – nesse sentido, não é o "processo" hegeliano-marxista, de que os homens seriam apenas instrumento, às vezes, como sugeria Hegel a propósito de Napoleão, para que a "astúcia da razão" fizesse vingar os seus intentos através de formas improváveis. Pode variar a direcção pressuposta – para uns um progresso linear, para outros uma sucessão de apogeus e decadências, outros imaginando até o curso já concluído em fim da história, isto é, na hegemonia indisputável de uma das partes em confronto – que a ancoragem filosófica da esquerda democrática que descrevo tenderá sempre a recusar um sentido único e uma marcha linear e teleológica. A história é muito mais complexa e circunstancial do que por vezes se imagina.

Mas sustentar que a ideia de progresso a que se vincula a nossa esquerda tem muito pouco a ver com o ideal positivista que leva o mesmo nome – o ideal de um progresso inelutável para uma nova ordem, pós-religiosa e pós-filosófica, fundada no conhecimento dito positivo – não significa que aquela ideia não exista. Existe, sim, e como categoria nuclear, no plano epistemológico como na acção cívica e política. Quer dizer, em síntese, duas coisas simples. A primeira é que a sucessão de aprendizagens, experiências e saberes gera alguma cumulatividade, que tende aliás a materializar-se em regras, procedimentos e instituições. A segunda é que, colocadas as questões em perspectiva temporal adequada, é verificável algum melhoramento passado nas condições de existência da humanidade e é racionalmente expectável algum melhoramento futuro.

Nenhum destes processos – cumulatividade e melhoria – é linear, nenhum tem natureza axiomática. Falamos de antropologia filosófica, de concepção e representação da pessoa humana. Humanista, racionalista, pró-activa, a esquerda democrática é progressista, não só porque procura o progresso medido pelos seus valores políticos como também, e crucialmente, porque a distingue a convicção de que a humanidade é capaz de progredir, ou seja, de avançar, ir mais além do ponto em que em cada momento se encontra.

IV

AS APRENDIZAGENS

14. As correntes políticas aprendem entre si.

A esquerda democrática que tento caracterizar não é um cristal regular, arrumado, límpido. É um lugar incerto, ou até *algo* que se move entre lugares. Lugar de tensões, que obrigam a questionamento, impõem sucessivos reajustamentos e, por isso, quero crer, impedem a paralisia e induzem o dinamismo. A esquerda europeia vive como nenhum outro pensamento político alguma vez viveu a tensão entre o particular e o universal, o individual e o colectivo, a liberdade e a comunidade, a diferença e a dominação, a auto e a heteronomia, a responsabilidade e a solidariedade. Mas este lugar incerto é também um lugar de abertura e de comunicação, ponte e porta (Simmel, 1993).

Entretanto, algo semelhante se pode dizer das outras famílias políticas. Pelo menos, daquelas que subscrevem também o modelo da democracia pluralista em sociedade aberta. Os sistemas de partidos não são uniformes nem estáticos. No quadro de referência europeu, o alinhamento de extrema-direita, conservadores, democratas-cristãos, liberais, social-democratas, trabalhistas ou socialistas democráticos, verdes, comunistas e extrema-esquerda, varia consoante as circunstâncias de tempo e espaço (por exemplo, em Portugal são gritantes a ausência de uma formação liberal e a fraude política do partido ecologista). As divisões não são estanques. Nos Estados Unidos, as linhas de reunião e oposição e as nomenclaturas são bem diversas, e o facto mais saliente foi não terem vingado lá, como tais, o pensamento e a organização socialistas. Se considerássemos a América Latina, ou o Sudeste Asiático, ou o Próximo Oriente, outras adaptações haveriam de ser feitas – e mesmo assim mudariam consoante os países considerados.

O debate político faz-se e deve fazer-se no espaço público e segundo procedimentos democráticos. Ele é, ao mesmo tempo, uma confrontação, uma demarcação recíproca, um combate, se bem que de ideias – e uma comunicação, um processo de influência mútua, um diálogo a várias vozes. A desqualificação moral dos adversários, a reclamação da pureza para uns, remetendo os outros para o lugar do impuro, a recusa de ouvir ou responder, são atitudes perigosas e, às vezes, de coloração totalitária. É muito importante que todos compreendam que todos são sujeitos e alvos legítimos da actividade crítica, que nenhum tem o monopólio da verdade ou da autoridade e que, só havendo uma maneira de vencer no debate intelectual que é argumentar bem a favor de boas ideias – e, como escreveu Locke (2000: 113), "se a verdade não arrebata o entendimento pela sua luz, de nada lhe serve uma força exterior" – o jogo das ideias nunca fica completamente decidido e é muito frequentemente, se bem jogado, de soma positiva.

Ao democrata, por sê-lo, repugna reduzir as ideias políticas a estereótipos e opor os seus próprios aos dos rivais. Há, porém, uma razão suplementar para, como escreveu Hirschman (1997: 166-168), preferir às "retóricas da intransigência" (de parte a parte, conservadores ou progressistas) um debate político equilibrado e "amigo da democracia": é impossível reclamar para qualquer dos lados a posse exclusiva de qualquer valor.

O que parece evidente quanto aos traços de antropologia filosófica de que já disse estar muito próxima a esquerda democrática europeia. Mas revisite-se um por um os cinco valores com que sustentei poder caracterizá-la e logo se constatará em qualquer deles aproximações e partilhas com várias outras correntes: no amor à liberdade pessoal e na repulsa face à tirania, com os liberais e os libertários; na concepção da igualdade como um objectivo de políticas públicas, com os comunistas; na ênfase na justiça distributiva e na defesa da solidariedade social, com a democracia-cristã; no sentido de colectividade e comunidade, de novo com os democratas-cristãos e outros conservadores sociais, assim como com os comunistas, e sem esquecer a abordagem pós-materialista, designadamente por via do interesse com o ambiente e o desenvolvimento sustentável; na diferença, com a linhagem liberal, libertária e pós-materialista.

O debate de ideias políticas é um processo de fecundação recíproca e de aprendizagem. Cada parte tem influenciado poderosamente as restantes, de modo que nenhuma hoje se compreende senão (também) em resultado de múltiplas intersecções: como entender a doutrina social da Igreja senão em relação com a emergência do movimento operário oitocentista, como entender a passagem do liberalismo político à democracia senão em relação com as exigências de universalização dos direitos de associação e de sufrágio, como entender a social-democracia novecentista senão em relação com a crítica liberal dos totalitarismos? E a lista poderia prosseguir...

O nosso ângulo, aqui, é normativo e a perspectiva em que nos colocamos é a esquerda democrática europeia, socialista, social-democrata ou trabalhista. Cuidaremos apenas de reter o que esta colheu da interacção com outras posições políticas, e não do que lhes aportou. É esse, todavia, o ponto. Para bem compreendê-la, precisamos de acrescentar ao que já fizemos – caracterizando os seus principais valores políticos e contrastando-os com o quadro conservador que mais claramente se lhe opõe – um novo e último passo, que é assinalar como foi alterando ou desenvolvendo o seu referencial doutrinário em função da dialéctica com as restantes correntes políticas. A tese é simples: a esquerda democrática aprendeu muito, nos mais de cem anos que leva como corrente política autónoma no continente europeu. Também ensinou muito, mas não é isso que agora está em causa. Pois bem: o que é que aprendeu de mais relevante, isto é, com maior impacto na maturação do seu pensamento, assim como nas rupturas que foi fazendo no campo das esquerdas e até no interior de si própria?

15. Do diálogo com a direita, a esquerda democrática aprendeu a revalorizar o mercado, o laço social e a segurança.

Começo por olhar da esquerda para a direita, identificando três grandes questões em que a esquerda democrática beneficiou, ao longo dos séculos XIX e XX, e pode ainda beneficiar, na actualidade, do diálogo com correntes políticas à sua direita, conservadoras ou liberais. A primeira é a questão do mercado, a segunda a questão dos laços sociais e a terceira a da segurança.

É certo que, na segunda metade do século XVIII e na primeira do século XIX, e quer no quadro da teoria económica clássica quer no contexto das transições revolucionárias para regimes representativos, a defesa da liberdade de iniciativa, a crítica das formas institucionais proteccionistas e a apologia do livre-câmbio constituíram afirmações de ruptura com a ordem social e política de Antigo Regime. O pensamento progressista de Setecentos e – depois de a Revolução Francesa ter iniciado a representação topográfica de uma facção favorável ao direito de veto do rei sentada à sua direita e de uma facção adversa, à sua esquerda – a primeira esquerda europeia, liberal, incorporaram esta celebração da energia positiva do mercado e incluíram a propriedade e a iniciativa entre os primeiros direitos do homem. Para eles, a livre empresa e a livre troca valorizavam o trabalho humano, assegurando aos povos a provisão dos bens em que não eram competitivos e a colocação dos bens em que valia a pena especializarem-se. O efeito agregado dos múltiplos actos de empreendimento, trabalho e comércio era, como dizia Adam Smith, a "riqueza das nações".

Não é menos verdade, todavia, que a esquerda socialista e comunista emergiu como crítica ao primado da propriedade privada sobre as instituições públicas, à atomização do indivíduo, retirando-lhe os laços sociais, e ao nível de exploração da mão-de-obra forçado pelo capitalismo industrial. É certo que esta segunda esquerda, pós e anti-liberal, se dividiu desde o início em duas posições fundamentais, uns reclamando o acesso de mais gente à iniciativa e à propriedade, através designadamente da obtenção do crédito, da constituição de cooperativas, da humanização do esforço físico, da partilha dos lucros ou da protecção legal da pequena actividade, e outros exigindo não menos do que a eliminação da propriedade privada e a sua substituição pela propriedade pública dos meios de produção. Mas ambas as posições contrariavam fortemente a crença liberal na auto-suficiência do mercado.

A Segunda Internacional, cuja fundação representou a adesão dos socialistas às instituições políticas representativas e a assunção da democracia como sua finalidade essencial, por aí equivalente ao próprio socialismo, haveria ainda de definir-se como uma corrente anti-capitalista. E, do ponto de vista programático, apesar do congresso de Bad Godesberg, em 1959, sê-lo-ia quase até ao fim do século XX, defendendo, por exemplo, fortes limitações ao direito de propriedade privada, a propriedade estatal de sectores económicos estratégicos, o controlo sindical sobre a gestão e a retirada da esfera mercantil de bens como a saúde, a educação ou a segurança social. Viria a ser, contudo, substancialmente mais assertiva na demarcação face ao colectivismo económico e no combate ao modelo soviético de economia planificada, que expropriaria como adversários da liberdade, reprodutores de velhas desigualdades e criadores de novas (mais severas ainda porque de índole estatutária, a lógica das nomenclaturas confundindo-se com a lógica das antigas ordens ou estados), bloqueadores da mobilidade social e indutores de obsolescência produtiva, ineficiência económica e até, em várias áreas, pauperização.

Na realidade das coisas, há muito que os partidos de governo da área social-democrata reconheceram a economia de mercado e colocaram como objectivo mais gerir e regular do que eliminar o capitalismo. Esta duplicidade entre doutrina e pragmatismo é, aliás, mais um sinal da persistente incomodidade da esquerda face ao mercado – e que é quase simétrica da incomodidade sentida pela direita face ao Estado, também ele mais depreciado na teoria do que dispensado na prática...

Por isso mesmo, alguns dizem que a fractura entre a esquerda e a direita democráticas está em que a primeira aceita o mercado mas defende o Estado e a segunda tolera o Estado mas adora o mercado. Pois bem: quero sugerir à esquerda um ponto de vista diferente. Quero propor-lhe que encare o mercado, não como um mal menor que se deve acolher com relutância, mas como um instrumento útil que se deve defender no campo de acção que lhe é próprio, impedindo ao mesmo tempo que hegemonize os campos de acção que não são seus.

A esquerda valorizará o mercado, enquanto sistema descentralizado de informação e troca, baseado na ocorrência de múltiplas interacções e no seu efeito agregado e, por aí, com alguma capacidade auto-reguladora. Enquanto tal, o mercado é a mais poderosa instância de iniciativa e coordenação económica que até ao momento a humanidade conseguiu elaborar. Devemos, depois, distinguir, intelectual e politicamente, a economia de mercado da conformação específica do capitalismo e, em particular, do capitalismo financeiro dos dias de hoje, desregulado, indiferente à produção efectiva de bens e serviços socialmente úteis e obcecado no curto prazo. Em aspectos centrais, este capitalismo contrariou e diminuiu os princípios liberais clássicos e, designadamente, o primado do investimento com resultados temporalmente diferidos, a boa fé nos contratos, a transparência da informação necessária, a abertura e a concorrência dos mercados.

A esquerda circunscreverá o mercado à sua esfera própria, não aceitando importá-lo, tal qual, para outras esferas. Neste sentido, a fórmula "sim à economia de mercado, não à sociedade de mercado", esquemática como todas as fórmulas políticas, é expressiva – tal como a denúncia irónica da "teologia do mercado" pregada pelos apóstolos neoliberais. Quando o que está em causa se não reduz à eficiência na afectação de recursos a fins determinados, mas implica a definição social de tais fins, nem tem apenas a ver com o modelo da racionalidade instrumental, mas faz apelo a outros critérios de entendimento, julgamento e acção, o mercado há-de ser modulado ou limitado. Ele não existe sozinho, inscreve-se em quadros institucionais variáveis – e a natureza de cada quadro, e do tipo de interacção que se estabelece entre o mercado e outras instituições, é uma questão relevantíssima para a qualidade e a eficácia de qualquer economia.

Finalmente, a esquerda democrática deve mesmo assumir como bandeira a democratização dos mercados (cf. Massey, 2005: 37-64). Colocando-a no núcleo duro do seu programa de política económica e social. E isso anunciará várias intervenções complementares: na garantia do controlo público sobre os chamados monopólios naturais; na redução das formas monopolísticas e oligopolísticas (e das suas correspondentes no lado da procura) e das barreiras à entrada nos mercados; na promoção da equidade no acesso dos empreendedores, considerada a respectiva dimensão, à propriedade, ao crédito, às oportunidades de negócio, aos benefícios fiscais ou a outros apoios públicos; na erradicação de práticas de patrocinato político; na garantia da concorrência leal; na promoção de formas institucionais constitutivas da relação salarial própria das democracias avançadas, como a legislação laboral, a negociação colectiva e a concertação social; na eficácia da justiça laboral; nas políticas activas de emprego e de formação profissional; na protecção da inovação tecnológica, artística, económica e social; no desenvolvimento das infra-estruturas públicas; nos incentivos à economia social; na defesa dos interesses dos consumidores; e, naturalmente, também na protecção da economia e da sociedade face às falhas de mercado[7].

---

[7] Várias consequências se poderão retirar da defesa positiva e modulada do mercado e da fixação da sua democratização como objectivo de esquerda. Do ponto de vista da história das ideias, um reencontro com aspectos essenciais do chamado socialismo utópico, da primeira metade do século XIX. Do ponto de vista da teoria económica, uma revalorização da economia institucionalista, como quadro de referência para a análise e para a elaboração de políticas. Do ponto de vista social, uma bem maior capacidade de compreender a dinâmica da sociedade da informação e do conhecimento – e do papel crítico nela desempenhado pelo empreendedorismo de forte componente criativa e cultural.

Designei como questão dos laços sociais o segundo tópico em relação ao qual a esquerda democrática poderia obter proveito do diálogo construtivo com as correntes à sua direita. E, se no que tocava ao mercado, aquela beneficiava sobretudo do pensamento liberal, já nestoutro colhe sobretudo nos terrenos da crítica conservadora ao pensamento liberal radical e das correntes liberais moderadas e anti-jacobinas.

Entre os fundamentos do regime liberal oitocentista e do capitalismo industrial encontram-se duas representações: a representação do indivíduo como um sujeito racional movido pelos seus próprios interesses e empenhado em maximizar utilidades; e a representação da estrutura social como o efeito agregado de múltiplas decisões particulares. Encontra-se também a doutrina da necessidade de remover as limitações institucionais à iniciativa pessoal e as formas não-económicas de regulação dos factores de produção (e, em particular, do trabalho e da terra). Todos estes fundamentos pressupõem a atomização dos indivíduos e a denegação dos grupos sociais.

Ora, as críticas conservadora e socialista, provindas de lados opostos do espectro político (e, em casos como o de Edmund Burke, mesmo de dentro da fileira *whig*), cedo convergiram na denúncia dessa espécie de *rasura do social*, operada pela economia, o direito, a ideologia e a prática política liberal. Argumentavam que o seu desprezo pelas comunidades organizadas e pelas maneiras de ser e agir nelas consolidadas, não só provocava um excesso de hostilidade a formas sociais que não sabia compreender (ponto naturalmente marcado pelos conservadores), como reduzia inaceitavelmente o homem à condição de proletário, amputando-o das restantes dimensões do ser e alienando-o dos laços sociais que o protegiam (tópico mais glosado pelos socialistas).

Claro que a esquerda moderna teve de romper com a antiga desconfiança face às profundas mudanças económicas e sociais ocorridas, na passagem do século XVIII para o XIX, na Europa e nos Estados Unidos. Esse é, aliás, um dos maiores contributos que deve a Karl Marx, o primeiro a valorizar as revoluções burguesas e capitalistas, como etapas de um progresso histórico de que o comunismo seria a etapa sucessiva e final – assim virando a esquerda para o futuro, em vez de se quedar na nostalgia de formas passadas. É central, para a modernidade, a oposição entre *raízes* e *projectos*: entre, de uma banda, a vinculação dos sujeitos às suas próprias origens e pertenças sociais e às referências e recursos que elas lhes propiciam; e, da outra banda, a sua orientação para uma acção autónoma, prosseguindo interesses e finalidades e procurando construir trajectórias e chegar a posições próprias no espaço social. Nessa tensão, o conservador tipicamente concede preponderância às raízes sobre os projectos (e, no caso-limite do fundamentalismo religioso, chega a negar, em nome das raízes, a mera possibilidade de imaginar projectos, porque a existência deveria ser a reprodução das normas e o futuro, a repetição ou retorno ao passado primordial). Por sua vez, o progressista dá supremacia aos projectos sobre as raízes e tende a acolher e encarecer os projectos capazes de romper deliberada e sistematicamente com raízes que os tolham.

A esquerda democrática assenta arraiais deste lado. Mas, porque não faz parte da sua bagagem o pressuposto atomista, não tem de esquecer nem desprezar as raízes. A concepção de sociedade que perfilha assinala a espessura das estruturas sociais, considera a objectividade específica dos grupos e instituições, contextualiza os indivíduos e encara-os como actores sociais. E mais: do ponto de vista ideológico, acredita na força criadora das pessoas e dos grupos, que são sujeitos construtores da sua história – e, portanto, da história tal qual, sem obediência a guiões previamente escritos, seja pela vontade de deuses seja pela força de qualquer determinismo.

A esquerda democrática pode, contra a rasura modernista, valorizar os laços sociais.

Pode e deve, em primeiro lugar, compreender as identidades colectivas e as tradições culturais como criações humanas dinâmicas e plásticas. São recursos cognitivos, éticos e práticos transmitidos e adquiridos ao longo das gerações; e guias de acção, carris de conduta capazes, entre outras funções, de orientarem os sujeitos não só nos processos de reprodução social como também, e sobretudo, em tempos de mudança e transformação. Aliás, uma parte importante do compromisso político da esquerda, em vários continentes, gira em torno do desenvolvimento endógeno de comunidades locais e da preservação da diversidade, contra as tentações hegemónicas e uniformizadoras de grandes poderes globais, quer na área da produção de massas, quer no campo mediático, quer na esfera ideológica. Ora, essa parte ficaria em perigo se acaso a esquerda subscrevesse as teses ditas da modernização e imaginasse que a evolução social era linear, comandada tecnologicamente e subordinada ao império de um único padrão, o industrialismo capitalista global.

Em segundo lugar, a esquerda democrática pode e deve pôr em evidência as unidades básicas de integração e socialização e as redes sociais primárias. Falo das famílias, das parentelas, das vizinhanças, dos grupos de pares, e também das novas formas de constituição de redes, independentes da interacção face a face e libertas da fricção da distância, como as comunidades virtuais e as redes sociais na Internet. Juntamente com as instâncias formais de socialização, como os *media*, a escola, a comunidade religiosa, a associação, a profissão e o trabalho, as instituições cívicas, elas constituem contextos de formação e acção dos sujeitos. E uma corrente política tão empenhada na promoção da coesão social, e, em particular, na sorte dos mais desapossados em capital económico e social, deverá saber retirar todas as vantagens destes contextos, para a estruturação de trajectos sociais com sentido positivo.

A perspectiva da esquerda democrática é insubstituível, porque o seu característico pluralismo a inibe de fazer depender a apreciação de cada unidade social de juízos morais particulares. Reforçar as famílias e a estruturação familiar como instâncias básicas de integração, socialização, entreajuda e protecção – cuja inexistência ou precariedade dificilmente é compensável sem perdas para os elos mais fracos da cadeia – não é preferir este àquele modelo familiar, ou negar a uns a qualidade que se quereria reservar apenas aos que cumprissem um dado padrão. Pelo contrário, é reconhecer e aceitar a pluralidade das comunhões de vida, seja qual for a forma mais ou menos institucional por que tenham optado os envolvidos, ou a natureza dos afectos e das orientações prosseguidas. Mas também não é ser-se adversário ou indiferente à função social das famílias, ao invés do que já pensou certa esquerda aparentemente libertária e do que já praticou a esquerda totalitária (a qual viu precisamente na família um óbice à plena uniformização e vigilância de ideias e comportamentos).

A valorização dos laços sociais deve ser também, finalmente, a valorização da esfera religiosa. Não o digo por qualquer vontade de provocar ou causar escândalo, antes por estar firmemente convencido de que uma esquerda moderna e democrática, se bem que deva compreender o papel histórico do anticlericalismo para a edificação do Estado laico, tem de recusar a lógica jacobina do banimento das religiões do espaço público.

O sagrado é uma das principais dimensões do sentido para os homens e as mulheres de todos os tempos; e as religiões, um dos eixos mais estruturantes das civilizações. Estão muito longe de poderem ser encerradas no domínio privado, o que quer que isso signifique. Fazem parte integrante da cultura e da identidade colectiva, e como tal devem ser consideradas.

Mais uma vez, ao contrário da esquerda totalitária, da esquerda extremista e da esquerda jacobina, e também em oposição às correntes confessionais e da direita conservadora, a esquerda democrática e moderna é a que me parece estar em melhores condições para fazer esta valorização. Primeiro, porque ela é radicalmente inimiga de quaisquer projectos teocráticos; e não sente nenhuma nostalgia dos tempos em que o poder dito espiritual exercia tutela sobre o poder dito temporal. Segundo, porque é radicalmente defensora da laicidade, quer dizer, da não intromissão do Estado em matéria de escolhas religiosas e da clara distinção entre símbolos e instituições confessionais e símbolos e instituições públicas. Terceiro, porque entende a liberdade religiosa, que é um dos direitos fundamentais inerentes à democracia, como a liberdade de professar e divulgar qualquer religião, assim como mudar de religião, não ter religião e submeter a escrutínio crítico, interpelar ou mesmo combater intelectualmente qualquer das religiões, o conjunto delas ou o próprio fenómeno religioso. Quarto, e sobretudo, porque o pluralismo que já várias vezes dissemos ser constitutivo, se bem que não exclusivo, da esquerda democrática leva-a a valorizar, como dado de facto e normativamente positivo, o pluralismo religioso (no sentido largo que aqui lhe atribuo, e que compreende, para além das várias religiões, o agnosticismo, a indiferença e o ateísmo). A esquerda democrática não deve esquecer o ponto que tanto impressionou o francês Alexis de Tocqueville, quando viajou pela América: o pluralismo religioso é um dos ingredientes mais favoráveis da democracia, porque, ao mesmo tempo que proporciona a cada indivíduo um quadro de sentido e pertença comunitária, valoriza a sua capacidade de escolha entre vários quadros possíveis (Tocqueville, 1983: 220-230). O espírito democrático não consiste em tentar banir a religião, nem aceitar-lhe uma tutela normativa sobre o todo social, nem enfeudar-lhe as instituições cívicas e políticas. Mas é reconhecer-lhe um papel na esfera pública e um valor na estrutura social e cultural – e, por isso, dialogar com as religiões, apoiar as suas actividades e, bem entendido, defendê-las, na pluralidade das crenças e organizações, como ensejos e factores de liberdade.

Posso, finalmente, transitar para o terceiro tópico deste inventário de benefícios que a "minha" esquerda pode colher do diálogo à sua direita: a segurança.

Na aparência, é o menos polémico. Há muito que a esquerda de governo incorporou, como funções essenciais do Estado, as funções de soberania: justiça, ordem pública, protecção civil, relações externas, segurança e defesa. E há muito deixou de afastar como estranhos os poderes de autoridade e as instituições e corpos profissionais que os encarnam.

Mas esta aprendizagem histórica não terminou, nem pode ser dada como irreversível. Em parte importante da base social e da estrutura activista da esquerda europeia ecoam ainda estereótipos e preconceitos que lhe tolhem o espírito. Basta recordar como esteve quase a capitular, nos anos 1980, na questão dos mísseis SS-20, sob o lema, afinal tão pusilânime, de "antes vermelhos do que mortos"; como tantas vezes se deixou manietar pela repulsa instintiva face ao uso da força, por mão policial ou militar, condescendendo até à paralisia perante ameaças que, todavia, aceitava serem reais e porem em perigo os valores e a ordem democrática; e, sobretudo, como se deixa vulgarmente cair no erro de pensar que a segurança é propriedade doutrinária da direita e, pior ainda, julgar que, quando lhe cabe exercer responsabilidades executivas, deve agir, nestas áreas, como se fosse a direita.

É muito importante romper com estes pressupostos, para que o real benefício que a esquerda democrática tem colhido das famílias políticas à sua direita, em matéria de compreensão e atenção à questão global da segurança, possa assumir uma expressão própria e positiva. E não há nenhuma razão para não romper.

Em primeiro lugar, a concepção da soberania como responsabilidade primeira do Estado inscreve-se na linhagem política de que se reclama a esquerda: na doutrina liberal do contrato social, pelo qual os homens renunciam à violência de todos contra todos atribuindo ao Estado o monopólio do uso da força legítima; e na doutrina democrática do controlo dos cidadãos sobre os poderes públicos, que os obriga à prestação de contas e previne os seus abusos.

Em segundo lugar, uma esquerda ao mesmo tempo vinculada à consciência social e à ordem democrática é capaz de propor e fazer cumprir uma abordagem mais densa desta temática. Essa sua abordagem articula liberdade e segurança: não só porque se pode e deve dizer que a segurança é uma condição da liberdade, como também se pode e deve dizer que a segurança é uma dimensão da liberdade – e até se pode acompanhar aqueles que chegam a dizer que a segurança é a primeira das liberdades se isso significar também, como significa, que a liberdade é a primeira das seguranças.

Coloca-se assim a pessoa humana no centro das políticas de segurança, quer interna quer face a ameaças externas ou transnacionais: garantir a segurança começa e acaba por ser garantir os direitos e liberdades de todos os cidadãos. Por isso mesmo, a esquerda deve adicionar aos restantes fundamentos da prioridade à segurança o seu compromisso com a igualdade social: porque também nas garantias de segurança se constata uma evidente desigualdade segundo os territórios, o género, os rendimentos e a rede de relações; e os actores sociais mais desapossados de recursos são os mais vulneráveis, as vítimas principais da cultura e da prática da violência, das lógicas de gueto, da banalização da delinquência e do domínio de bairros, empregos, instituições pelos circuitos do crime organizado. Ao contrário do que pensa alguma esquerda libertária, impor a autoridade do Estado em zonas urbanas e esferas sociais a ela subtraídas é mais um serviço prestado às classes populares nelas inseridas do que um frete às classes dominantes: os pobres têm direito a ser defendidos da espiral da violência ou, se mergulhados nela, a sair. Depois, é característica da visão do mundo da esquerda democrática a ligação entre as políticas de segurança e as políticas de inclusão social e integração cívica: ela recusa separar a vertente do controlo do território, da ordem pública e da prevenção e repressão da criminalidade, da vertente da habitação e do urbanismo, da provisão de equipamentos e serviços públicos, da oferta de oportunidades e recursos, da acção social expressamente dirigida à integração dos grupos em maior risco de exclusão, marginalidade e guetização.

E mais: querendo, a esquerda democrática depressa reencontrará as suas preocupações essenciais no âmago de uma temática que por longo tempo julgou estranha. É assim que vejo a evolução do conceito de segurança, pelo menos em dois aspectos.

Um é a ênfase na dimensão de protecção (*safety*, por contraposição a *security*), que remete directamente para essa expressão central da social-democracia europeia que é o bem-estar, e que tão harmoniosamente se acolhe sob o que já aqui designei como atitude de cuidado.

De facto, é disso que se trata quando, seja na convencional segurança interna, seja como resposta a ameaças transnacionais, estão em causa a luta contra o tráfico de pessoas e as redes de migração clandestina, a protecção civil, o combate à poluição, a promoção da segurança das rotas de circulação de pessoas e bens, para além do cibercrime e do terrorismo ambiental ou sanitário. A segurança é também uma dimensão central do bem-estar – o que vem dar ao mesmo, no plano social, da coesão e da igualdade.

E o outro aspecto que, agora na evolução da doutrina internacional de segurança e defesa, reactiva o essencial da visão do mundo da esquerda é a associação à ordem constitucional democrática, isto é, para falar depressa, à ideia de que o que está em jogo é garantir a cada sociedade a capacidade de ser ela própria, e não outros, a escolher como quer viver. O princípio da chamada segurança cooperativa, como esforço conjunto de vários Estados para partilharem capacidades e responsabilidades na reacção a agressões ou ameaças à ordem democrática a que se vinculam, é também, na forma como a esquerda europeia o entende – submetendo-o ao primado do direito internacional, valorizando o multilateralismo e recorrendo sempre que possível à diplomacia e aos poderes de influência – uma ponte que liga o recente e positivo movimento da esquerda para mais perto das grandes áreas da soberania à sua identidade estrutural.

Não é menos crítico o terceiro e último elemento que o ponto de vista da esquerda pode acrescentar à temática da segurança. Refiro-me à recusa da tentação securitária. Esta recusa exprime-se numa tripla afirmação. Que é impossível eliminar totalmente o risco, nada mais sendo do que um embuste a promessa populista do risco zero: é, isso sim, viável e necessário gerir o risco, conhecer e minimizar as ameaças, lidar com as incertezas, prevenir e proteger as pessoas contra as agressões e as calamidades. Que as sociedades abertas são sociedades de risco e a sua abertura não deve ser condenada ou reduzida por o serem: o risco é também, até certo ponto, um preço a pagar pela liberdade, a mobilidade, a limitação do poder, e esse é um preço infinitamente mais pequeno do que aquele que pagaríamos se sacrificássemos a liberdade, não à segurança (que a redução da liberdade implicaria forçosamente o enfraquecimento de dimensões críticas da segurança dos cidadãos), mas à ilusão securitária. E, finalmente, que o combate, convicto, enérgico, tenaz, contra a delinquência, a criminalidade e a agressão, não pode fazer-se pondo entre parênteses as normas e procedimentos que definem o Estado de direito, mas antes no seu quadro (incluindo, naturalmente, as restrições que ele próprio prevê para situações de emergência ou guerra).

Em suma: a esquerda tem a aprender com a direita, entre outros domínios, na área da segurança. Assim se enriquece a si própria. Mas também acrescenta densidade e proficiência às políticas públicas para a segurança – e, ao invés da direita propriamente dita, sempre tentada a colocar a liberdade num patamar inferior à segurança, pode fazer a demonstração da vinculação recíproca dos dois valores para uma política humanista e democrática.

16. A esquerda democrática destaca, na atitude centrista, a limitação do poder, a aceitação da complexidade, a abertura, o compromisso, a moderação.

Sustentei, logo no início do exercício, que não havia um terceiro género, equivalente a direita e esquerda e chamado centro, na classificação das principais correntes políticas da modernidade. Esta classificação é fundamentalmente dicotómica, e não tricotómica. O centro, como tal, não tem identidade política própria. Liga-se sempre a outra coisa, sendo centro-direita ou centro-esquerda. É, aliás, mais da ordem da ideologia do que da análise a tese de que teria cessado a dicotomia instaurada pela Revolução Francesa, por virtude de uma alegada proeminência superveniente do centro.

Nada disto significa que o centro seja um absurdo político. Bem pelo contrário: lá por não existir sozinho, não deixa de existir e com forte relevância. Quer do ponto de vista tipológico – porque esclarece bem a oposição, interna a cada um dos grandes campos da esquerda e da direita, entre posições moderadas e extremistas, ou até entre inclinações democráticas e autoritárias. Quer do ponto de vista substantivo – porque a orientação ao centro gera e exprime a identificação com um conjunto de princípios por assim dizer metodológicos, que influenciam e densificam as matrizes doutrinárias.

Cuido aqui, apenas, da esquerda democrática. E, por isso que o é, chamei-lhe já e continuarei a chamar-lhe centro-esquerda. Defendo convictamente a importância desta designação, para os propósitos da teoria normativa e para os requisitos da acção prática.

Mas, então, o que quer dizer "centro", na expressão "centro-esquerda"?
Não ignoro que, em muitas circunstâncias, e tantas vezes por razões de natureza táctica, está apenas em causa um estilo ou modo de actuação, que palavras como timidez, consensualismo, condescendência ou casuísmo bem caracterizam. Elas assentam que nem uma luva às lógicas *catch all* dos grandes partidos de eleitores e às estratégias de preservação do poder político por via da sua redução à gestão de interesses, relações de força e oscilações da opinião pública. A intensidade dos poderes fácticos – incluindo os meios de comunicação social, a opinião publicada e as tecnoestruturas nacionais e europeias – é também uma pressão no sentido dessa supremacia do tacticismo sobre a visão e da administração sobre a transformação.

O sentido atribuível à categoria política "centro" – melhor, à modulação política centrista das duas categorias políticas principais – está, porém, bastante longe de esgotar-se nesta caracterização do modo concreto de fazer política e exercer ou conquistar o poder. Como orientação política, "centro" quer dizer também, e alternativamente, um complexo coerente de princípios e atitudes. E é por eles que desejo batalhar, em nome e em prol da esquerda democrática.

Primeiro princípio: o governo limitado. Na acepção ampla de governação, como a arquitectura e o modo de exercício dos poderes, nas diferentes esferas institucionais, do Estado às autarquias, do poder executivo e do poder legislativo ao poder judicial, já para não falar dos restantes planos onde se coloca a questão do poder, como as empresas, as escolas, as igrejas, etc. O que começa por fazer da esquerda democrática um centro-esquerda – e, por aí, aproximá-la do centro-direita, numa comum vinculação à matriz do liberalismo político – é a incorporação, sem reserva nem restrição, da ideia de limitação do poder. Todos os poderes devem ser limitados, em primeiro lugar, pela lei e o primado da lei, depois pela sua pluralidade e interdependência, enfim pela existência e funcionamento de instâncias e meios de travagem e equilibração de forças.

Que o poder político obedece à lei – e, portanto, nenhum titular dispõe de prerrogativas superiores ao quadro normativo estabelecido na respectiva comunidade e nenhum poder pode colocar em causa os direitos fundamentais, inalienáveis e imprescritíveis, dos cidadãos – eis o que, com as revoluções inglesas seiscentistas, a formação dos Estados Unidos, a Revolução Francesa e a vaga liberal na Europa ocidental e na América, marcou o fim dos regimes absolutos, constitucionalizou as monarquias e os impérios ou impôs repúblicas, e foi construindo o Estado de direito.

Desde então, a limitação dos poderes tornou-se uma condição *sine qua non* do pensamento e da prática democrática. E, mesmo que não possa dar-se por concluído o processo da sua afirmação – basta ver as dificuldades das democracias contemporâneas para lidar, nesta precisa lógica de limitação de todos os poderes, com o poder dos grandes grupos de *media* – o certo é que a sua enunciação doutrinária deixou de ser controversa e até aqueles que diariamente o espezinham lhe têm de prestar público louvor...

Mas, aspecto essencial, a limitação do poder faz-se pela multiplicação e a interdependência dos poderes. Lição de Montesquieu, apresentando as diversas instâncias e formas legítimas de poder, como tal separadas, autónomas entre si, mas limitando-se reciprocamente (e, por isso mesmo, é mais rigoroso falarmos de interdependência que de separação). E depois, na globalidade do sistema de poderes e em cada uma das suas esferas e instituições, deve operar um certo número de mecanismos que funcionem como freios e contrapesos dos poderes. É a doutrina dos *checks and balances*, que orientou todo o processo de composição política dos novos Estados Unidos da América do Norte.

Esta preocupação com a limitação do poder, por via da interdependência dos poderes e dos controlos cruzados entre os protagonistas e as instituições das diferentes arenas de poder, é, a meu ver, a primeira grande orientação a que não tenho pejo de chamar centrista, de que a esquerda democrática se serviu para demarcar-se das restantes esquerdas e co-construir o Estado democrático que hoje conhecemos. Neste sentido, Locke, Montesquieu, Hamilton, Madison, John Jay, pertencem à sua galeria de autores, e *L'Esprit des Lois* e os *Federalist Papers* estão entre os textos fundadores.

Da segunda orientação, gostaria de dizer que ela é a compreensão da complexidade. A complexidade pede inteligência estratégica e capacidade adaptativa, e não reacções esquemáticas, rudimentares ou exclusivistas, fundadas em crenças e preconceitos. Este ponto é sobremaneira importante nas chamadas políticas de soberania: nas relações externas, na segurança e defesa, na administração da justiça. Por um lado, as soberanias são sempre partilhadas – e são-no hoje duplamente, no quadro do equilíbrio multilateral entre os Estados e no quadro da interacção destes com outras formas de estruturação de poderes (trans)nacionais. Por outro lado, os riscos, incertezas e ameaças que pontuam a vida colectiva, aos seus mais diversos níveis e escalas territoriais, são de uma tal variedade, imprevisibilidade e mutabilidade que só abordagens multidimensionais podem dar respostas capazes. Defenderei, pois, que, em política, olhar o centro (e não os extremos) é também reconhecer e incorporar, na lógica do nosso pensamento, propostas e acção, a complexidade social.

Terceiro aspecto, como já disse, de "método", ou atitudinal: sentido de abertura e inclusão.

É um aspecto muito importante na prática política e uma escolha imperiosa para a esquerda europeia. A prática política consiste exactamente na mobilização de forças e energias para certos propósitos, por via de certos processos de convencimento, projecção e liderança: quem quer fazê-lo democraticamente, recusando o populismo e o patrocinato, isto é, não querendo ser caudilho ou cacique nem tutelar almas, há-de privilegiar a interacção com os grupos e as instituições sociais, numa lógica de comunicação e influência recíproca. Quanto à esquerda europeia, tem, na sua história, exemplos eloquentes de como perdeu quando se deixou enredar em disputas internas, que levaram à laceração e enfraquecimento do seu próprio campo, e como ganhou quando soube dirigir-se ao conjunto da sociedade e a todo o eleitorado e construir plataformas sólidas entre diferentes filiações socioprofissionais, confessionais, territoriais, culturais. A esquerda democrática é uma formação de centro-esquerda precisamente por isto – porque não se concebe como um estado-maior fechado sobre si próprio e comandando as "massas" à maneira militar, não tem essa concepção leninista de partido; e porque não se revê nas derivas sectárias que fazem pulular micro-organizações rivais entre si e quase indiferentes ao mundo que as rodeia. Centro-esquerda quer dizer, portanto, preferência pela modéstia, contra o vanguardismo, e abertura à diversidade, em vez de sectarismo.

O quarto tópico que estrutura, a meu ver, a orientação centrista é o sentido e o gosto do compromisso. Num duplo significado.

Compromisso como implicação, empenhamento. Claro que pode e deve fazer-se a descrição histórica da institucionalização dos partidos e sindicatos social-democratas do ponto de vista da integração na ordem política burguesa (ou mesmo da sua cooptação por esta), salientando também a sua configuração como organizações políticas e sociais, por aí pautadas pelos seus próprios interesses de reprodução e pela necessidade de alimentar burocracias, clientelas e redes de poder. Certamente – uma das coisas que faz a esquerda democrática preferível à revolucionária é a impureza da primeira, que em regra a previne contra tentações de purificação do mundo, as tais que costumam arrastar muitas vítimas inocentes e indefesas às masmorras, às fogueiras e aos gulagues. Mas não foi essa a única força propulsora da chamada esquerda de governo, orientada não apenas para as funções de crítica, protesto e reivindicação social, mas ainda para o exercício de responsabilidades de representação e execução política. Não menos importante terá sido, e é, uma opção estratégica de fundo, que separou as águas no interior do movimento operário oitocentista e não cessou de aprofundar-se desde então: a opção pelo reformismo social e pela acção institucional. Ou seja: a escolha para agir dentro do sistema político-institucional, para transformá-lo, e não de fora, para destruí-lo. Este primeiro sentido de compromisso envolve, por isso, a aceitação da responsabilidade de governar, o risco de fazer e falhar, de sofrer usura e desgaste, o que coloca a esquerda democrática de um lado que, para vários efeitos, é bastante menos cómodo do que o de certa esquerda urbana, sofisticada e radical.

Compromisso quer dizer, entretanto, uma segunda coisa, complementar da primeira. É a adesão ao que a ciência política haveria de chamar a institucionalização do conflito, e que é hoje um dos alicerces do edifício democrático. As partes conflituantes não abdicam da promoção dos respectivos interesses e da competição agonística entre si. O conflito social e político existe, e não há fim da história que o anule. Mas aceitam também formar um consenso sobre o quadro e as regras da competição – a ordem jurídico-constitucional, a democracia política, a concertação social... – e valorizam a negociação e o acordo como componentes e resultados da dialéctica social. Esta cultura do jogo de soma positiva, do método dos avanços graduais, que não satisfaz inteiramente uma das partes e, por isso mesmo, não penaliza irremediavelmente nem humilha a outra, que recorre a arbitragens e mantém em aberto evoluções futuras, esta cultura da negociação e do compromisso define uma orientação centrista da esquerda democrática, como equivalentemente da direita que nela se revê.

Como centro-esquerda, a nossa esquerda não é puramente crítica, nem predominantemente tribunícia e profética: é reformista, vinculada à acção institucional, e nela privilegiando os processos de decisão com participação social e os compromissos incrementais, sem medo das responsabilidades e dos riscos que lhe são inerentes, e apostando caracteristicamente na lógica e no método de aproximações sucessivas, incertas, reversíveis, mas, como a história europeia tem mostrado, em termos de tendência longa, progressistas.

E é isto que a leva a cultivar, enfim, o valor da moderação – aquilo a que Aristóteles chamou sensatez, *frónesis*, e considerou a principal virtude requerida na acção prática.

Este sentido de medida – para continuar a falar a linguagem da Grécia antiga, como contraponto de *hubris*, o excesso –, esta noção de proporção, de temperança, está, julgo, no coração do pensamento democrático e no que nele se opõe, radicalmente, às dinâmicas totalitárias. E significa muitas coisas. A primeira é outra vez a aceitação da complexidade da realidade social – e, por isso, a opção pela abordagem tentativa de intervenção, sustentável e avaliável, em pontos críticos com potencial transformador de uma realidade social sempre complexa, e sempre incompletamente apercebida e compreendida, em vez da atitude caracteristicamente ideológica dos que se fecham numa axiomática impenetrável e indiferente às circunstâncias concretas da acção. A segunda coisa é a assunção da relatividade, da finitude e da falibilidade das políticas, uma assunção feita com gosto, porque é ela que permite a correcção dos erros e a alteração das rotas, isto é, que permite o jogo democrático da reversibilidade das decisões e da alternância dos decisores, e que situa os actores e a acção política no plano terreno da intervenção circunstancial e condicionada, combatendo ademais os que se pretendem investidos de poderes superiores ou oráculos de um Bem inquestionável ou de uma pureza moral exclusiva. E a terceira coisa é a preferência pelo melhorismo, que é, não tenho sobre isso qualquer dúvida, a forma do progressismo democrático, não revolucionário.

A esquerda democrática é pela mudança, vê a transformação como um aspecto positivo da evolução, acredita na história como dinâmica. É, em suma, progressista. Mas desconfia dos projectos de engenharia social, sejam eles de cariz revolucionário ou tecnocrático, na acepção precisa (e só nessa) de engenharia social como projecto de fabricação de uma ordem num molde pré-definido e de refundação sistémica do homem e da sociedade, segundo os conhecidos emblemas do "homem novo" e do "fim da história" (que é, como se sabe, sintomaticamente, um ponto de convergência dos sonhos comunista e neoconservador). A esquerda democrática não é, ou não deve ser, que bastas vezes o é quando governa, um programa simplesmente gestionário, luta e exercício do poder político sem propósito de uma qualquer intervenção social. Direi mais: tem a sua própria referência, e a sua própria linguagem (e narrativa, e mitologia, e ritual...) de utopia, no sentido de uma superação, um projecto, uma realidade outra, onde as pessoas sejam mais livres, iguais e solidárias. Mas foge do pesadelo das utopias totalizantes, que gostariam de erradicar a história, refazer a pessoa, submeter a autonomia de cada sujeito a uma ordem que, por ser perfeita, não seria menos opressora. Nem muito menos imagina a construção da utopia futura sobre a destruição radical do presente, que é aliás, vezes demais, como o terrorismo político tem mostrado, onde termina o intento dos que invocam essa utopia por vir. Nem ainda, filha como é do racionalismo iluminista, concebe a esquerda democrática o futuro como um retorno, uma reimplantação de uma ordem primordial, uma idade de ouro perdida, um começo primitivo sem agitação nem incerteza a que se deveria regressar. A utopia desta esquerda é, por um lado, mais sóbria e contida, mas, por outro, mais efectiva: é de, agindo no quadro concreto da vida social, com a sua complexidade e o seu dinamismo, poder ir construindo patamares progressivamente mais avançados de coesão e bem-estar, garantindo mais liberdade e mais oportunidades de a usar, acreditando que se pode e, porque se pode, é nosso dever tentar, melhorar as coisas.

O centro não é um lugar político. Não é uma corrente específica, nem sequer é uma posição autónoma. Mas pode ser encarado como uma maneira de ponderar e modular a acção e o programa político, e de enquadrá-los num e por um sistema institucional. Uma atitude também – ou, forçando um pouco a palavra, um método, um caminho, uma rota. Todo o poder deve ser limitado. A realidade não é subsumível em qualquer axiomática ideológica e a sua complexidade própria é um valor, não um empecilho, para a nossa intervenção nela. A prática política deve ser uma prática de inclusão e compromisso, pontuada com a prudência e a moderação de quem prefere pessoas terrenas, com virtudes e defeitos, envolvidas em políticas públicas escrutináveis, alteráveis e reversíveis, a imperadores, profetas ou caudilhos que se julgam acima das suas circunstâncias. À esquerda que aceita estes princípios, não vejo senão utilidade em dizer que está no centro-esquerda.

17. O diálogo entre as esquerdas enriquece a abordagem dos temas pós-materialistas, da liberdade subjectiva, da participação, do desenvolvimento sustentável e da luta contra a exclusão.

A esquerda democrática também olha para a sua esquerda. Também: nem olha só, nem olha preferentemente. Mas olha e com o mesmo espírito com que o faz nas outras direcções: procurando um diálogo crítico de que julga poder retirar benefícios.

A esquerda é um campo plural, marcado por fundas diferenças e antagonismos. Que, em particular, colocam num lado as correntes que concebem a democracia como um fim em si mesma e vêem no socialismo uma realização da democracia; e no lado diametralmente oposto aquelas correntes que já viram na democracia ("burguesa", "formal") um embuste e um empecilho e, depois de fazerem um doloroso caminho, aceitam-na agora, mas as mais das vezes como uma espécie de mal menor, ou um passo necessário e quiçá instrumental, "na actual correlação de forças", para futuras etapas históricas que a superariam.

São tão grandes as clivagens no campo da esquerda que muitos preferem dizer o próprio nome no plural, falando de esquerdas. Tenhamos, porém, a consciência, de que não é preciso esforço de maior para sustentar algo equivalente no seio da direita, o que imediatamente repõe a relevância da dicotomia conceptual esquerda/direita que nos tem servido de referência... O que verdadeiramente interessa é outra coisa: ter a noção de que a esquerda democrática não esgota o espaço da esquerda, como não esgota o espaço da democracia. Embora seja, e há-de defendê-lo com afinco, o lugar de encontro dos que querem fazer em simultâneo as duas escolhas fundamentais de ser de esquerda em e pela democracia.

Até por isso, a social-democracia, o trabalhismo e o socialismo democrático devem definir, como seus interlocutores prioritários à esquerda, as correntes radicais que já concluíram ou estão a terminar um percurso de integração plena no sistema institucional demoliberal e de aceitação sem reserva dos valores e princípios organizadores da cultura democrática ocidental. Assim, não darão apenas mostras desse princípio de abertura e inclusão que atrás relevei, quando discuti a aproximação ao centro, e que igualmente vale agora – o centro-esquerda, por sê-lo, estará acrescidamente capacitado para dialogar; e não apenas contribuirão activamente para o sucesso dos que, no campo radical, lutam por aquela integração. Isso já seria muito. Mas farão mais: enriquecer-se a si próprias, por poderem incorporar causas e transformações que não foram originariamente suas.

Refiro-me a vários processos: a revolução cultural e moral dos anos 1960 – a que ocorreu nos meios juvenis e universitários da Europa Ocidental, dos Estados Unidos e do Canadá, não a devastação conduzida pelos guardas revolucionários maoístas...; a contestação, pela sua esquerda, das ortodoxias comunistas e dos regimes totalitários de órbita soviética e chinesa; o movimento pela radicalidade irrenunciável da democracia, contra as ditaduras africanas, sul-americanas e europeias (portuguesa incluída) e contra a condescendência que, em nome da *realpolitik* da Guerra Fria, mereciam junto de parte importante do centro-esquerda de governo (com a sempre honrosa excepção da social-democracia nórdica); a luta contra a guerra imperial e os complexos militares-industriais, que atingiu o clímax de vigor e impacto na Guerra do Vietname; a emergência da juventude como categoria política e movimento social; o desenvolvimento dos temas e das acções em prol da igualdade de género; a enunciação da problemática ambientalista; a crítica das formas convencionais da democracia representativa e da sua redução à competição eleitoral entre partidos de sistema, com a advocacia alternativa do incremento da participação social na vida política, designadamente ao nível das comunidades locais e da formação das opiniões públicas; o aprofundamento dos direitos civis através do combate às discriminações fundadas, além do sexo e da chamada raça, no estilo de vida e na orientação sexual.

Na generalidade senão em todas estas áreas, a social-democracia nórdica esteve envolvida, sem nunca perder a sua matriz ideológica e a sua base social. Pelo contrário, cedo achou, e bem, que elas decorriam de tal matriz e alargavam e actualizavam essa base. O mesmo não se passou, contudo, com o grosso da restante esquerda europeia. E por duas razões principais, em regra complementares: porque a interacção principal em que tinha de se envolver era com os partidos comunistas, simultaneamente vizinhos do ponto de vista eleitoral (ou mesmo programático, como seria o caso do eurocomunismo) e adversários filosóficos e políticos; e porque a configuração bipolar do mundo que saiu da Segunda Guerra, marcado pela competição entre o espaço euro-atlântico e o império soviético, levava inexoravelmente o centro-esquerda para o primeiro pólo.

Essas razões desapareceram com a queda do muro do Berlim. Ainda persistem certos casos, como na conjuntura portuguesa do fim da primeira década do século XXI, em que o enfrentamento à esquerda continua a fazer-se entre esquerda democrática e esquerda revolucionária, comunista ou pós-comunista; e, em alguns países anteriormente sob o domínio de Moscovo, a mistura entre o desencanto perante a incompletude ou a lentidão das melhorias antecipadas com a transição, o desconforto face a novos ou persistentes factores de desigualdade e, até, a nostalgia por uma ordem perdida, para alguns securizante ainda que injusta, essa mistura leva à continuação, recrudescimento ou metamorfose mais formal do que substantiva de correntes inimigas ou cépticas da democracia liberal. Mas, ressalvadas estas circunstâncias, e atenta também a variedade das clivagens de acordo com os temas em discussão – que, por exemplo, continua a ser grande a distância entre radicais e moderados de esquerda em matéria de integração europeia e custa muito aos últimos compreender a frequência com que os primeiros convergem tacticamente, por exemplo no Parlamento Europeu, com a direita nacionalista... – a evolução determinante e de médio prazo parece ser a recolocação das várias formas de conflitualidade política, incluindo aquelas oriundas das correntes pós-revolucionárias, no interior do sistema institucional democrático. Cessando, então, os motivos para que o centro-esquerda não dialogue também, proficuamente, à sua esquerda.

Estou ciente de que algumas das (digamos assim) correntes radicais pós-revolucionárias surgiram e apresentam-se como estranhas ou rebeldes à dicotomia política própria da modernidade, entre esquerda e direita. Não já, como os defensores de que o centro seria uma categoria própria, porque, no desenvolvimento de instituições hipermodernas, se haveria criado um terceiro género irredutível aos dois pólos anteriores. Mas precisamente porque, sendo a sua agenda pós-moderna, não mais se poderia aplicar-lhe uma grelha de classificação tão devedora da modernidade. Na verdade, sustentam, a questão que sobremaneira interessa é a articulação entre, de um lado, o máximo potencial de liberdade individual e, do outro, a sustentação de um sistema equilibrado de recursos naturais e sociais que, tornando possível e harmonioso um quadro de vida em comum, garanta a própria viabilidade da autonomia e projecto pessoal. Este tópico da relação entre liberdade individual e desenvolvimento sustentável remeteria para o baú das recordações os grandes temas modernos do crescimento económico, do progresso e inovação tecnológica e organizacional, da tensão entre capital e trabalho e da justa repartição de rendimentos e oportunidades.

Os leitores já sabem que eu não penso assim. Nem do ponto de vista da teoria positiva, nem muito menos no plano normativo. Quanto àquele, sugeri atrás que, comparada com a direita, a esquerda europeia (primeiro liberal, depois socialista) se aproximou normalmente mais depressa e com menos desconforto de tópicos e argumentos que não emergiram do seu seio, mas se foram impondo como elementos incontornáveis da agenda política e social democrática. E subscrevo a tese de que é essa mesma esquerda a que melhores condições possui para enunciá-los e desenvolvê-los da forma mais abrangente. Por duas razões: porque eles são coerentes com o sistema de valores que a caracteriza e identifica – aquela estrela de cinco pontas, liberdade, igualdade, justiça, colectividade, diferença, que comecei por desenhar; e, sobretudo, porque ela é capaz de articulá-los com os eixos fundamentais do pensamento democrático moderno, assim fazendo comunicar e enriquecer-se mutuamente duas agendas que me parecem ambas indispensáveis para a nossa contemporaneidade.

É, aliás, por isso que, no que me toca, tendo a declinar a condição de pós-moderno, pelo menos no sentido em que ela significaria a ruptura com a modernidade (que há também outra acepção, de escrutínio crítico da modernidade, que me é bastante mais simpática). Nós não precisamos hoje, na Europa e no mundo, de superar a modernidade, recusando-a. Seria, aliás, um enorme favor prestado aos inimigos da liberdade, aos fundamentalismos que nos ameaçam com tanto ódio e tanta insídia, prescindir ou apoucar a racionalidade, as normas e as instituições centrais da modernidade. O racionalismo crítico, o progressismo, o humanismo, o optimismo histórico, a exaltação dos direitos e da lei, a defesa da integração e da participação, a justiça distributiva, a competição política por meios pacíficos, a soberania popular, a natureza delegada da autoridade e o controlo sobre os poderes, a escolha da razão contra o preconceito e da tolerância contra o fanatismo, tudo isso me parece mais actual do que nunca. Precisamos, isso sim, de outra coisa: analisar e interpelar criticamente a modernidade, processando e aplicando (aplicando-lhe) a reflexividade que lhe é tão característica, identificando e ultrapassando os seus limites e aprofundando as realizações. O facto de a modernidade europeia ter expandido, mais do que qualquer outra época histórica, uma cultura e um sistema institucional de crítica reflexiva (de que a ciência é exemplo superlativo mas não único) confere-lhe uma plasticidade e uma abertura que são os seus principais recursos para o diálogo com outras formas, vozes ou temas. O diálogo faz-se, não a partir de uma atitude de adesão apressada e superficial a cada nova moda teórica ou retórica que surja, mas sim através da troca de pontos de vista e do escrutínio recíproco de argumentos. E isso a esquerda democrática europeia pode fazer, no plano político que é o seu, melhor do que ninguém.

Que temas podem estruturar um tal diálogo, e com isso contribuir para a renovação da agenda da esquerda democrática europeia?

Eu próprio responderia assinalando, em primeiro lugar, o chamado pós-materialismo. Não como etiqueta, mas como expressão analítica que procura identificar, na evolução das clivagens que estruturam os sistemas modernos de partidos políticos, a emergência de valores que já não são imediatamente reconduzíveis às oposições anteriormente conhecidas. Porque estas giravam, de facto, em torno de duas grandes questões: a questão social, que ecoava e tematizava o conflito entre o capital e o trabalho; e a questão religiosa, que contrapunha defensores e adversários do Estado laico. As combinações de escolhas básicas em face destas questões é que estruturaram os grandes partidos modernos e a dialéctica entre eles, seja na clivagem entre os blocos da esquerda e da direita, seja nas distinções internas a cada um.

Ora, desde os anos 1960, a crescente afirmação de outro tipo de questões, caracteristicamente ligadas a aspectos de liberdade e diferença individual ou grupal e de relacionamento da sociedade com o ambiente, desafiou essas duas clivagens sócio-económica e religiosa, impondo uma nova agenda, designada como pós-materialista. Os valores perfilhados em assuntos como o multiculturalismo e a comunicação entre as culturas, a relação entre os géneros e as orientações sexuais, a consciência ecológica e ambiental, as raízes históricas e as identidades, a compatibilização entre norma social e autonomia individual, foram-se tornando cada vez mais influentes nas opções das pessoas quanto a filiação ou simpatia partidária, posicionamento ideológico ou comportamento eleitoral. Saber se se é a favor ou contra a despenalização do aborto, a favor ou contra os direitos dos homossexuais, a favor ou contra a descriminalização do uso de drogas, a favor ou contra a legalização da eutanásia, se se é mais ou menos sensível ao discurso ecológico, à centralidade das alterações climáticas, à segurança alimentar ou à luta contra a violência doméstica, tornaram-se eixos muito importantes para a definição das identidades e atitudes políticas das cidadãs e dos cidadãos.

Há quem, levado pelo entusiasmo ou roído pela melancolia, sugira que esta nova agenda põe irremediavelmente em causa a dicotomia entre esquerda e direita e a estrutura de oposições clássica nos partidos europeus. A sociologia política e eleitoral não o comprova (cf., entre outros, Freire, 2006: 99-106). Pelo contrário, evidencia o que pelo menos sempre haveria de qualificar-se como resiliência da dicotomia, face às clivagens pós-materialistas. Afinal de contas, nem sequer as coisas são tão estanques: estão aos olhos de todos, por exemplo, as correlações entre valores religiosos e opiniões sobre a legitimidade da interrupção voluntária da gravidez, ou entre a maior proximidade aos valores sociais conservadores e (para ser suave) a menor intolerância face à violência contra as mulheres. Mas direi mais, direi que não se trata, nem apenas nem sobretudo, de resiliência: direi que a agenda pós-materialista ou, como outros escrevem, a "política de vida" são uma importante fonte, não de superação, mas de renovação e actualização da substância e do rumo da esquerda democrática, e como tal deve esta considerá-las.

E iremos ainda mais longe, assinalando um segundo tema estruturante do diálogo das esquerdas entre si e com os novos movimentos sociais. É que não existe, a meu ver, melhor forma de compreender e acompanhar a importância das liberdades cívicas e da autonomia pessoal na agenda pós-materialista do que partir dos fundamentos da modernidade política, revisitando o liberalismo político e o que T. H. Marshall designou como a primeira geração dos direitos. A pulsão libertária que tanto influencia a problematização contemporânea dos direitos civis, e acentua o valor da não-discriminação e da escolha individual de projectos de vida, só ganha em ser contextualizada pela orientação liberal propriamente dita. É o que, aliás, emancipa o libertarismo dos seus próprios demónios – em particular desse, que lhe tem sido historicamente consubstancial, de acreditar que deve impor aos outros interditos e modos de vida...

De facto, a moderação e a tolerância liberal perante qualquer forma de alteridade conferem pleno sentido à recentragem contemporânea da política nas liberdades pessoais e direitos civis. Por muito que custe à esquerda iliberal, a sucessão marshalliana dos direitos não diz respeito à pertinência, mas tão-somente à sua emergência e legitimação: os direitos civis, os direitos políticos e os direitos sociais não são gerações que historicamente se substituíssem, sucedendo-se e superando-se, hegelianamente, umas às outras. São desenvolvimentos que reciprocamente se enriquecem. Ainda bem que hoje, na Europa democrática, poucos contestam que são primaciais os direitos sociais: mas tal não diminui, antes fortalece, a ideia de que são igualmente primaciais as liberdades e os direitos políticos.

Podemos, pois, falar, com inteira propriedade, de um feliz retorno a fundamentos da modernidade. A consciência liberal não dá apenas mais coerência e densidade à agenda actualíssima dos direitos civis; ela também previne contra o pendor intervencionista (na esfera da autonomia pessoal do "diferente", justamente) associado às alas fundamentalistas dos novos movimentos sociais, sejam estes o ambientalismo, o LGBT (lésbicas, *gays*, bissexuais e transgénero) ou o higienismo sanitário. E, sobretudo, ilumina com foco potente as ligações de que hoje mais precisa o desenvolvimento: entre ajuda e transparência, entre cooperação e responsabilidade, entre não-ingerência e pressão democrática, entre desenvolvimento económico e boa governação.

O terceiro tema de uma agenda de diálogo à esquerda decorre de um enorme desafio, aquele que a sociedade em rede coloca às condições de actividade e iniciativa política.

Como bem mostrou Manuel Castells (2002-2003), as profundas mudanças culturais, tecnológicas, económicas e sociais que ocorreram nas três últimas décadas do século XX e prosseguem no presente, reconfiguraram estruturalmente as sociedades, os Estados e a ordem internacional. As ideologias políticas, os partidos e as associações de interesses, as administrações e serviços públicos não escapam aos seus efeitos. A lógica de competição entre partidos por ganhos institucionais oferecidos num sistema estável não caiu certamente por terra. Mas as novas capacidades de processamento, circulação e obtenção de informação, a omnipresença e a transfiguração da paisagem mediática, os modos de comunicação e organização potenciados pela Internet, as novas possibilidades de estruturação de comunidades, grupos e movimentos colectivos através das redes electrónicas, assim como o processo de mais longa duração que conduziu à valorização das novas classes médias e à generalização do acesso das gerações jovens às tecnologias de informação e comunicação e aos conteúdos digitais – tudo isto tem consequências incontornáveis sobre a constituição e desenvolvimento das identidades pessoais e de grupos, incluindo no plano do comportamento e afiliação política. Na sociedade em rede, as interacções adquirem outra envergadura, plasticidade e rapidez; e alarga-se o leque de formas disponíveis para a participação e a organização cívica.

Ao contrário do que crêem as visões angélicas da era da informação, ela não significa o desaparecimento dos factores que estruturaram as sociedades modernas: a afectação dos recursos e a distribuição dos bens, as posições e as trajectórias nos campos sociais, os símbolos, as linguagens e as interpretações do mundo, as relações de poder e dominação. Mas é iniludível a transformação que, por sua vez, sofreram esses factores. Não sendo este o lugar para descrevê-la, sempre se dirá que a ela se têm necessariamente de adaptar essas entidades e práticas específicas que são os partidos e movimentos sociais. O que terá particular importância em duas dimensões críticas: no modo como lidam com os *media* e as redes sociais digitais – que não chega olhar para a imprensa escrita e a rádio e a televisão de massas, numa época de circulação ininterrupta e vertiginosa de informação, ideias e motivações entre múltiplos actores, com múltiplas linguagens e conteúdos e em múltiplos suportes; e no modo como partidos e movimentos interagem com o espectro dos grupos sociais e a sua própria base de activistas, simpatizantes e eleitores – que não basta manter as velhas estruturas de enquadramento dos grandes partidos de massas ou o sistema de percursos e recompensas dos partidos-cartel, num tempo em que as pessoas têm mais e mais diversificados meios e palcos de consciencialização, expressão, mobilização e acção.

O nosso ponto, agora, são os valores, e daqui não deveremos sair. Mas também aqui é necessária abertura de espírito e diálogo com as novas tendências.

A sociedade em rede potencia enormemente alguns dos valores que sustentei serem seminais para a esquerda democrática. Acrescenta sentido e amplitude ao primeiro deles, a liberdade, superlativando-o. Redescobre o valor da comunidade, fazendo emergir novos colectivos criados e dinamizados por diversíssimas interacções, que não requerem a coexistência física e vencem as restrições do espaço, mas criam uma cultura virtual de comunidade fundada na comunicação e na argumentação pública constante. Sublinha fortemente os impulsos anti-hierárquicos, permitindo conceber ordens menos dependentes de estratificação estatutária, rigidez nas posições ou então raio curto nas transições, e mais fundadas em relações horizontais, poucas barreiras à entrada, lideranças carismáticas, controlos de baixo para cima e escrutínio permanente. E também, naturalmente, potencia a diferença, como valor positivo, e a pluralidade das formas de ser e interagir.

Não me parece que a resposta da esquerda democrática aos desafios que lhe são postos por estas forças típicas da sociedade em rede deva ser a adesão sem restrições, quase enamorada, a uma mitologia de liberdade comunicacional sem limites, que é uma criação social tão circunstancial e velada como as demais. Outras esquerdas, ou pós--esquerdas, se sentirão mais à vontade, acreditando que encontraram enfim amparo empírico para o seu endeusamento da iniciativa basista, inorgânica, informal. Mas não aconselho a alternativa fácil da denegação, que alguns ensaiam em nome de que outros valores constitutivos, como a igualdade, a solidariedade e a justiça social, estariam a ser espezinhados. É certo que algumas declinações daquela mitologia os colocam na sombra, deliberada ou inconscientemente. Mas essa é mais uma razão para que a racionalidade crítica de que se reclama a esquerda europeia pratique também aqui a argumentação pública e o debate cruzado que lhe é tão querido.

Aquilo a que se pode e deve chamar uma nova agenda para a política contemporânea está, porém, longe de se esgotar nestes importantes temas do pós-materialismo, da subjectividade e da sociedade em rede. Podem não ser tão lustrosas, mas são incontornáveis as duas questões cruas e duras da sustentabilidade do desenvolvimento planetário e da exclusão maciça de seres humanos do acesso aos bens sociais necessários a condições mínimas de dignidade.

A sustentabilidade não é um problema específico de ambientalistas, bom para escolas, universidades, movimentos juvenis e comunidades científicas, e justificando a atenção civilizada de departamentos públicos, além de, uma vez por outra, vistosas conferências e cimeiras. Diz muito – deve dizer muito, cada vez mais – à esquerda democrática: como já sugeri, a sua defesa dos bens colectivos, assim como a apologia da diversidade, aplicam-se que nem uma luva a questões que têm a ver com o próprio futuro do planeta Terra, como a conservação da biodiversidade e a promoção das condições naturais e sociais indispensáveis à coexistência de milhares de milhões de habitantes. Como nos restantes tópicos, a perspectiva da esquerda ajuda, por sua vez, a focar o ambientalismo no seu escopo certo e a prevenir derivas indesejáveis: basta notar como essa perspectiva obriga a ter uma atitude não malthusiana em matéria demográfica e como a sua característica ligação entre progresso social e desenvolvimento económico e tecnológico é um bom antídoto para os preconceitos contra o crescimento e a inovação que assaltam regularmente as organizações ecologistas mais radicais.

O desafio, está, todavia, noutro plano. Há aqui pelo menos uma componente de capacidade de sobrevivência da humanidade como tal. Quer essa capacidade seja entendida em termos absolutos, como alguns chegam a dizer, quer, como parece ser mais adequado, em termos relativos, no que diz respeito à manutenção dos níveis de vida normais, em sentido estatístico, nos países hoje desenvolvidos e à sua plena extensão ao conjunto das populações das economias emergentes e dos países mais pobres. Ora, o processo de institucionalização do conflito, que já assinalámos como uma das evoluções marcantes, com a impressão digital da esquerda reformista, nas democracias de forte cunho social, pauta-se tipicamente pela lógica do jogo de soma positiva: a tensão entre as partes quanto à justa repartição de riscos, oportunidades e rendimentos, é gerível no pressuposto de que haverá um crescimento tal que cada parte, por mais perdedora que seja no confronto directo com a parte contrária, sempre alguma vantagem colherá. Se os grandes protagonistas da globalização deixarem que a questão do futuro se coloque como um problema de sobrevivência propriamente dita, esta lógica de soma positiva ficará em perigo – uma muito má notícia para a coesão social em regime democrático. Por isso mesmo, a esquerda que o exalta, para ser fiel a si mesma, deve interiorizar como sua a questão ambiental, enunciando o desenvolvimento sustentável como tópico principal de uma agenda de políticas públicas orientada para o futuro.

Não deve, contudo, fazê-lo ao modo de certo ambientalismo autocentrado, que julga que os remédios são a baixa generalizada e abrupta dos padrões de consumo, a desindustrialização, o malthusianismo demográfico ou, em geral, a travagem das dinâmicas de crescimento; deve, sim, mobilizar a sua própria perspectiva, combinando desenvolvimento sustentável com inovação tecnológica, crescimento económico e bem-estar social. Isto é: a esquerda verde e o conjunto dos ambientalismos enriquecem a esquerda democrática; mas a esquerda democrática consegue também trazer ao ambientalismo o que muitas vezes lhe falta, e é a ligação entre a orientação progressista, que não tem medo do porvir, e o cuidado com o equilíbrio global das sociedades, da natureza e da humanidade.

Finalmente, a "miséria do mundo". Digamo-lo assim, não só como homenagem a Pierre Bourdieu, mas ainda para introduzir uma crueza, uma espécie de brutalidade do real que muito falta em certos debates sobre a actualidade dita pós-materialista.

É verdade que o poderoso processo de recomposição social do século XX europeu e norte-americano alargou e fortaleceu as classes médias – e, em particular, o conjunto dos profissionais assalariados da indústria e serviços habilitados com capital e títulos escolares. Esse tem sido um dos mais eficazes factores de enraizamento das sociedades abertas e das democracias pluralistas, uma sua firme âncora social. Por outro lado, a seguir ao fim da Segunda Guerra Mundial, e durante três décadas ininterruptas, o Primeiro Mundo viveu um período de crescimento e bem-estar. Estes dois movimentos geraram condições estruturais para a afirmação das problemáticas políticas de nova geração, com alguma propriedade classificadas como pós-materialistas, porque a "questão social" já não se jogava, para o grosso da sociedade, em torno do suporte social básico de vida – a segurança, a alimentação, a habitação, a saúde, a educação, o seguro social, as infra-estruturas urbanas – e sim em relação a outras dimensões do bem-estar familiar e do pleno desenvolvimento de cada sujeito e da sua subjectividade, bem como perante a obrigação moral de solidariedade com o Segundo ou o Terceiro Mundo atingidos pelo sofrimento que o Primeiro já não experimentaria, como a guerra, a insegurança, a destruição, a subnutrição ou as várias formas de opressão.

Desde os anos 1980, a situação mudou profundamente. A erosão dos Estados nacionais, a desregulação de amplos segmentos do mercado de trabalho, a crise de serviços públicos estruturantes, a expansão de sectores de economia informal ou ilegal, o enfraquecimento das organizações socioprofissionais, o desordenamento urbano e outros factores de desigualdade fizeram emergir um Quarto Mundo no coração das democracias desenvolvidas. As chamadas sociedades de dois terços tendiam a deixar de fora de mecanismos e trajectos de integração parte considerável da sua própria população. A pobreza, a miséria social e moral, a desestruturação e desvinculação social, a exclusão pura e dura, todas estas realidades "materialistas" como haverá poucas – provavelmente as mais "materialistas" de todas, a seguir à guerra e à catástrofe natural – tornaram-se, aos olhos de muitos súbita e inesperadamente, pontos centrais da "nova" agenda social.

E, num certo sentido, é nova, sem quaisquer aspas, designadamente para o centro-esquerda e o centro-direita que conjuntamente fundaram, no terceiro quartel do século XX, o modelo social europeu. É que ambos basearam grande parte da sua acção política e governativa na consciência de que existia e era preciso regular um conflito real e duradouro, opondo os que estavam mais acima e os que estavam mais abaixo na *mesma* escala social – a que todos, os de cima e os de baixo, pertenciam. Mas eis que, sem que essa questão tenha desaparecido, outra ganha agora presença e relevo: e, mais dramática, porque entre os que estão dentro (mais acima ou mais abaixo, mas dentro) e os que estão fora, entre os integrados e os excluídos. Dentro e fora do mercado de trabalho – ou dos segmentos protegidos –, dentro e fora dos percursos de escolarização, dos bairros seguros das cidades, das redes familiares de protecção, da segurança social, da cidadania e até, para muitos migrantes, da simples existência legal.

Este é também um ponto, e que decisivo!, na agenda política do nosso tempo. Obriga a esquerda democrática olhar para além dela – para o mundo sindical comunista, por exemplo, sempre atento e crítico destas formas de erosão do modelo social, ou para as organizações sociais de base, laicas ou religiosas, militantes ou apartidárias, para as correntes comunitárias radicais que sempre pressionaram a social-democracia de governo para que prestasse maior atenção a essas duras realidades. Mas não se trata, apenas, de obrigação. A esquerda reformista conhece bem, historicamente, a questão social também como exigência moral: a dignidade devida, como dizia o jovem Engels, à "situação da classe trabalhadora", o imperativo de, como dizia o jovem Marx, desalienar o proletário. E, ao contrário da sua vizinha revolucionária, soube olhar para tal situação como um problema a resolver – mais do que como um potencial de contestação a explorar. Não tem, por isso, apenas especiais responsabilidades: tem experiência e capacidade bastantes para enunciar, abordar e desatar este intrincado nó da sociedade contemporânea.

O que não a limita, nem a deve distrair, de outra obrigação complementar, a solidariedade profunda perante as centenas e centenas de milhões que vivem abaixo do limiar da pobreza, muitos em condições de privação extrema, nas regiões abandonadas, desde a África subsahariana a parte do Sudeste asiático ou mesmo da América Latina. É, aliás, também por isso que não pode subscrever o proteccionismo dos ricos e o fechamento dos mercados da Europa, dos Estados Unidos ou do Japão às exportações dos países em desenvolvimento – mesmo quando esse proteccionismo vem mascarado de luta contra o *dumping* social.

Não pretendo esgotar, com estes, os temas do diálogo entre as esquerdas. Nem sequer sugiro que os tópicos que listei – pós-materialismo; liberdade e subjectividade; condições da participação na sociedade em rede; desenvolvimento sustentável; desafiliação, desvinculação e exclusão social – sejam exclusivos das correntes de esquerda. Longe disso: apenas creio que elas lhes têm manifestado maior abertura e que eles são bons marcadores de um diálogo crítico que seja benéfico para todas as esquerdas e, em particular, para a esquerda reformista e democrática.

Esta tem um passado, uma âncora histórica, na modernidade europeia, e talvez trate os novos temas políticos com a visão larga e densa do clássico. Pode valorizar, sim, uma nova agenda, ou melhor, uma agenda renovada e enriquecida, em torno da qual gravitem partidos e movimentos sociais, instituições executivas e parlamentares e organizações não governamentais, mais orientados todos, por tal, para aprofundar, além da retórica mediática do dia – seja ela as alterações climáticas, o empobrecimento das classes médias, a desflorestação ou a ajuda ao desenvolvimento – os problemas sociais e as escolhas políticas. Mobilizando o património, a identidade e os valores que a fazem singular, esquerda democrática europeia.

V

O QUE SE É

18. A esquerda democrática é uma disposição: para ser radical, realista, moderada, cosmopolita, performativa.

O que faz a singularidade da esquerda democrática europeia é uma combinação única de valores. Nenhum destes valores, em si mesmo, constitui um exclusivo dessa corrente política. Mas a sua combinação – sobre que também não tem, naturalmente, nenhuma espécie de patente – foi historicamente e ainda é, no presente, uma escolha conscientemente feita por esta esquerda, que lhe é, pois, própria, característica e distintiva.

Tendo razão, poderei dizer que o fundamento principal da afirmação robusta, duradoura e singular do socialismo democrático europeu tem sido, desde a fundação da Segunda Internacional até aos nossos dias, a capacidade de *combinar* valores provenientes de diversas matrizes culturais e doutrinárias, articulando, designadamente, a liberdade e a igualdade, a comunidade e a diferença, a livre iniciativa e a justiça social, a liberdade e a segurança, a independência nacional e a mundialização.

Mas esta capacidade decorre, por sua vez, de uma opção básica, global, estruturante, da esquerda democrática, a opção pela modernidade europeia – o humanismo, o pluralismo, o racionalismo crítico, a cultura científica e técnica, a inovação. Reside nesta vinculação o suporte da abertura ideológica e da incorporação programática, na relação com as outras grandes correntes políticas – uma modernidade em acção que lhe vem proporcionando uma profícua centralidade nos sistemas institucionais, eleitorais e de partidos, funcionando frequentemente como o pivô das interacções que neles ocorrem e comunicando em múltiplas direcções, seja com conservadores, democratas-cristãos e liberais, seja com verdes, radicais e comunistas. E foi também a vinculação à modernidade que lhe conferiu um sentido de adaptação ao curso do tempo e da história, seguindo a evolução e participando na transformação das estruturas sociais, respondendo a novas questões, causas, agendas e protagonistas.

A abertura e o dinamismo não contarão certamente pouco na explicação da longevidade das correntes socialistas, trabalhistas e social-democratas. As declarações de princípios quanto aos grandes temas políticos, dos Estados aos regimes, da ordem mundial à paz e à guerra, da segurança à justiça, do território à economia, do bem-estar social à cultura, da alimentação ao ambiente, e os programas de políticas públicas são hoje bem diversos do que eram há século e meio, há um século ou mesmo há meio século; mas qualquer dos seus membros se revê nas opções fundadoras que as distinguiram, a extensão da cidadania e dos direitos, o acoplamento entre o socialismo e a democracia e a preferência pelo método reformista.

Defendi que a composição de valores que hoje orienta a esquerda democrática europeia pode ser apresentada sob a forma de uma estrela de cinco pontas: liberdade, igualdade, justiça, colectividade, diferença. E procurei retirar duas consequências: por um lado, uma identidade própria, filosófica no sentido mais amplo da palavra, baseada no humanismo, no racionalismo, no desejo de agir e na crença na eficácia das políticas, no optimismo progressista; por outro lado, uma conversa permanente e inacabada, de efeitos recíprocos, com as demais correntes e posições políticas.

O que pode, pois, dizer, para terminar um exercício que outros fariam de toda a evidência bem melhor, alguém que fez o seu próprio percurso a partir de outra origem, para se reconhecer por inteiro neste lugar incerto e aberto, na encruzilhada, encontro e ponto de partida de vários caminhos, que é, na Europa, a esquerda democrática?

Talvez retomar uns tantos adquiridos do raciocínio a que se entregou, esboçando um balanço da esquerda a partir de várias disposições políticas, isto é, maneiras de ser e agir politicamente, que a caracterizariam.

A disposição para ser radical. Sim, para ser radical: resoluta e intransigente nas escolhas e nos combates, quando as questões em jogo dizem respeito aos alicerces da liberdade e da democracia – direitos humanos e cidadania para todos, primado da lei e controlo dos poderes. A esquerda democrática tem a sua própria radicalidade, a dos democratas radicais, ela pretende ser radicalmente democrática. É, aliás, por isso que não alcandora ao estatuto de dogma o princípio da não-ingerência nos assuntos internos dos Estados soberanos – um princípio muito importante na ordem legal internacional, mas que não pode tolerar genocídios lá por serem cometidos portas adentro. É também por isso que é completamente inequívoca no repúdio da utilização de métodos revolucionários nas democracias e, ao mesmo tempo, sabe que não se pode pedir aos democratas que aceitem circunscrever a sua acção ao quadro legal da ditadura que, sendo o caso, combatam. É por isso que aprendeu a ser mais firme perante os inimigos das sociedades abertas, sejam eles as estruturas totalitárias, o terrorismo internacional, a grande criminalidade organizada – mais firme do que foi no seu passado e, portanto, convenientemente autocrítica da complacência de outrora face à ascensão do nazi-fascismo, ou da desvalorização da natureza dos outros totalitarismos que devastaram o século XX, ou da subalternização da ameaça criminosa escondida sob a fachada romântica de tantas sortes de brigadas revolucionárias.

A disposição para ser realista. Realista de três maneiras. Muito prudente nas questões da soberania, ciente de que a ingenuidade se pode pagar cara e de que as políticas de relações internacionais, segurança e defesa não se constroem nem aplicam ao modo de corolários lógicos de declarações de boas intenções – e por conseguinte apostada na edificação gradual de sistemas de relações progressivamente orientados pelos princípios da poliarquia e do multilateralismo, do primado da diplomacia, do valor da cooperação, sem que isso possa significar a dissolução das alianças que protegem o mundo livre ou o enfraquecimento das defesas face às agressões e ameaças, terríveis, dos dias de hoje. Muito céptica face a todos quantos, da extrema-esquerda ao neoconservadorismo, entendem que se pode fazer tábua rasa da história, da geografia, das instituições sociais e dos padrões simbólicos e de comportamento de territórios e populações, como se fizessem qualquer sentido ou tivessem ainda qualquer razão de ser os antigos projectos napoleónicos ou estalinistas de "libertar" os povos contra eles próprios, obrigando-os à força das armas a ser revolucionários, ou modernos (ou, tanto daria, liberais e democratas) – e por isso empenhada na procura de soluções de equilíbrio dinâmico e progressivo entre as estruturas de longa duração e os projectos de paz e desenvolvimento, entre as ordens sociais cristalizadas no fio de muitas gerações e as oportunidades de emancipação e autonomia individual, entre os usos e costumes e o valor do direito e da lei. E, enfim, sempre desconfiada dos amanhãs que cantam, dos paraísos prometidos, do fim da história ou da harmonia universal – e nunca disponível para justificar a violência e a destruição impiedosa e brutal dos homens e das sociedades concretas de hoje, com a necessidade da fundação, sobre escombros, de homens novos ou sociedades perfeitas.

A disposição para ser moderada e procurar compromissos. Privilegiando decididamente os meios pacíficos de gestão e resolução dos conflitos internacionais e fazendo todo o uso possível das estratégias de persuasão, influência e poder suave, em particular as de natureza diplomática e económica, apostando simultaneamente na cooperação para o desenvolvimento. Promovendo formas exequíveis de regulação da globalização, reformando os actuais instrumentos de regulação financeira, valorizando o quadro das Nações Unidas, reconhecendo os direitos e a voz das potências emergentes, e apoiando os processos em curso de integração regional. Preferindo, no plano interno, as lógicas de institucionalização do conflito, em que os interesses e as clivagens se podem exprimir e, a partir da sua expressão e pondo em prática regras e procedimentos aceites por todos, se podem construir desenlaces de que todos possam colher alguma espécie de benefício. E, finalmente, consolidando consensos alargados e duradouros sobre as travesmestras da ordem constitucional e da arquitectura institucional de cada Estado ou união de Estados – aquelas que têm a ver com os sistemas eleitorais e de partidos, de justiça e segurança, de concertação social e bem-estar.

A disposição para ser cosmopolita. O mesmo é dizer: abertura ao mundo e ao seu incerto e fascinante devir. Não recear a contemporaneidade e o futuro é uma atitude que distingue bem a esquerda democrática das suas irmãs conservadoras e ressentidas, tão paradoxalmente reaccionárias no plano atitudinal. Em particular no que diz respeito à globalização: a esquerda não deve ter medo de que a circulação de pessoas, ideias, bens, serviços e capitais tenha ganho outra velocidade e amplitude; não prescindirá do escrutínio crítico das formas de dominação e das barreiras que assim se criam, mantêm ou reforçam, mas isso, que exige empenhamento na construção de formas de regulação global do que é global, não pode ser confundido com arremetidas quixotescas contra moinhos de vento ou reiterações até à náusea de promessas de alterglobalização que nunca passam de fórmulas (e, aliás, envernizam demasiadas vezes um rasteiro e escondido proteccionismo sectorial). O cosmopolitismo é uma dimensão essencial de ser progressista, e é no seu quadro que a esquerda pode e deve continuar a proclamar a natureza universalizante – isto é, concretizável em diferentes etapas de desenvolvimento e em diversos contextos civilizacionais e culturais – do que mais valoriza, a saber, os direitos humanos e a forma democrática de organização e governo.

Finalmente, a disposição para a transformação social. Não apenas entender, aceitar e acarinhar a mudança, mas *procurá-la*: agir para mudar, transformar as coisas, corrigir as injustiças, reduzir as desigualdades, eliminar as discriminações, garantir cada vez maior autonomia e melhores condições a cada um e a cada uma para formar o seu projecto de vida, que há-de ser, sempre, relação com os outros e por isso deve ser também participação, cidadania, interesse pela coisa pública, política. O reformismo é mesmo isto, a vontade de fazer já, e não adiar sempre para o dia seguinte, à espera dessoutro Godot que é a revolução social, ou sempre temerosos de efeitos perversos, ou previamente derrotados pela reverência face ao poder de reprodução das dominações; e usar um método de intervenção localizada, incidindo em pontos críticos potenciadores de efeitos sobre o conjunto das estruturas. Neste aspecto, os construtores do modelo social europeu têm a seu favor um currículo de acções concretas para melhorias reais, quer nos direitos sociais, quer na relação salarial, quer na provisão de segurança e bem-estar. E conseguiram-no porque não tiveram medo de agir, foram – e devem cada vez mais ser – performativos.

19. A esquerda democrática é uma cultura.

As disposições que referenciei não estão totalmente adquiridas e é evidente a tensão que existe entre algumas delas. Mais do que resultados inamovíveis de qualquer suposto processo histórico, constituem exigências colocadas à identidade e ao comportamento de homens e mulheres, incluindo no plano incontornável da crítica sobre decisões passadas e presentes da esquerda em que se reconhecem. A tensão, a exigência e o alcance crítico não podem ser ocultados, mas ao invés puxados para a primeira linha das reflexões e dos argumentos: é esta complexidade que faz a riqueza do pensamento político e já devíamos saber que o primarismo das fórmulas simples e das verdades indiscutíveis é meio caminho andado para o confisco da liberdade.

De facto, as interpelações são muitas – e quantas vezes não assumem a natureza de dilemas! Como ser, ao mesmo tempo, radical na defesa da democracia, sem complacência face aos seus inimigos, e advogar o realismo e a moderação nas relações internacionais? Como fazer justiça àqueles que, como Willy Brandt ou Ytzhak Rabin, souberam que era tempo de compromissos para construir a paz e àqueles que, não temendo fazer a guerra quando a guerra era necessária, conquistaram também a paz – como Churchill ou Roosevelt? Como evitar ficarmos paralisados pela falsa dicotomia entre pombas e falcões? Como fazer perceber que a moderação é um incentivo à acção e não à astenia, por exemplo das organizações internacionais? Como ser cosmopolita e condenar o proteccionismo dos países ricos contra os pobres, mas ser igualmente firme no combate ao *dumping* social, ou como ser favorável à circulação mundial de bens e serviços e defender políticas públicas capazes de promover a diversidade cultural? Como ser pela transformação sem denunciar a tentação gestionária, isto é, não transformadora, de tantas governações social-democratas?

A esquerda não é apenas um lugar incerto – é ainda um lugar complexo. Mas há nisto virtude, não defeitos. O dinamismo, a capacidade evolutiva e adaptativa, a abertura intelectual e ética, a análise crítica, a reflexividade e o pensamento complexo são bons alimentos para um espírito que não pretende ser epítome da história, e muito menos transcendê-la, não renunciando, porém, a fazer parte dela e, logo, a querer inscrever nela uma parte dos seus sonhos.

Representando assim valores – os valores forjados no curso dos tempos e interrogados e quiçá redefinidos à luz de novas eras – e assinalando atitudes e disposições comportamentais orientadas por eles (isto é, maneiras de agir), chegaremos a uma composição de princípios e ferramentas de percepção, representação e intervenção no mundo. E fará então todo o sentido retomar por nossa conta e nos nossos termos uma clássica reivindicação dos socialistas: que o socialismo é uma cultura.

Uma cultura.

Não é apenas uma ideologia – se bem que seja uma ideologia, conjunto articulado de pressupostos, proposições e propostas políticas. Não é apenas uma doutrina social – se bem que seja uma doutrina social, como discurso específico sobre a organização do trabalho e a distribuição dos bens da sociedade moderna. Não é apenas um movimento – se bem que seja um movimento, associação de pessoas e grupos e mobilização de bases de apoio, naturalmente variáveis, para impor interesses e objectivos comuns. Não é apenas uma identidade – se bem que seja uma identidade, um quadro em que podem rever-se activistas, simpatizantes e eleitores, com os seus mitos fundadores, as narrativas, os símbolos e ícones, os rituais e liturgias, os protocolos e cerimoniais, as redes de interacção, socialização, integração e recompensa, e até um *cursus honorum*, os seus mausoléus e cenotáfios. Mas, por ser tudo isto, e por querer ir além disto, é uma cultura.

Foi, aliás, o que pretendeu ser o socialismo oitocentista, no seu momento inicial e fundador: uma descoberta de ideias e de palavras que pudessem projectar, no plano propriamente filosófico e político, a situação, os anseios e as potencialidades dos trabalhadores industriais europeus – e aí os pudessem articular com o desejo de modernidade e a vontade de liderança de intelectuais prontos a sê-lo, isto é, a reivindicar a autonomia do campo cultural e o direito de intervir, a partir dela, no todo social. Na linguagem da segunda metade do século XIX, tratava-se de edificar o socialismo como uma Ideia e como um Ideal. É um ponto que se vê com particular clareza no caso português: na mesma geração, os esforços organizativos e mobilizadores de José Fontana ou Azedo Gneco eram por assim dizer dobrados pela indagação intelectual de Oliveira Martins, procurando mostrar que o socialismo era a própria ideia política moderna, quer dizer, a expressão lógica da interpretação moderna da história, e pela inquietação ética de Antero de Quental, na sua apaixonada busca de um pouco mais de luz sobre a justiça, a razão e a humanidade. Ideia: visão do mundo, revisão crítica e assunção da história, e projecto – o projecto de levar a modernidade um pouco mais além, além da dominação do capital sobre o trabalho. E ideal: horizonte ético, valores projectados sobre um futuro possível, onde a razão humana pudesse realizar enfim os anseios de justiça de séculos e séculos de existência colectiva.

Estes termos não têm préstimo fora do seu contexto histórico. Mau grado a característica influência do idealismo racionalista em vários partidos europeus (incluindo o português, através da posição-chave de António Sérgio), não é legítimo à esquerda democrática reivindicar posições totalizantes, que seriam aliás completamente contraditórias com a atitude de abertura democrática e cosmopolita. O socialismo não é nem *a* presença actual da história, nem *a* ética e muito menos *a* moral: disso, tem apenas uma parte, e na medida da confrontação democrática entre ideias e correntes dotadas de equivalente dignidade, relevância e utilidade. E é uma expressão política, não um sistema total onde tudo se confundiria, inelutavelmente surgindo a tentação de dispensar a política por se ter tornado supérflua face ao saber e à moral. Nunca esqueçamos Kant (2002: 153-154): a política tem uma dimensão moral, mas nenhum moralismo é saída para a política.

O facto de termos hoje de falar de modo diferente do dos nossos antepassados de há século e meio não implica, porém, que fique em causa a abordagem do socialismo como cultura. Pelo contrário, como insiste Eduardo Lourenço (2009: 35-51), o socialismo é, ou deve ser, um "discurso cultural".

Em primeiro lugar, é, ele próprio, uma forma cultural. Basta pensar nas extremas dificuldades da sua implantação na América para compreender que é uma realização da história cultural europeia, uma criação teórica e simbólica da modernidade europeia – e, aliás, por isso, um elemento do seu património comum. Em segundo lugar, para além de pertencer naturalmente à ordem ideológica, o socialismo pertence também à ordem propriamente cultural – ao universo dos sistemas de representação e crença que conferem sentido ao mundo, estruturam a situação e a acção no mundo e criam mundo. Em terceiro lugar, desde os seus primórdios que o socialismo quis ser também uma reclamação de *mais* cultura, porque extensão a todos os homens do direito ao lazer, à educação e à fruição das obras de criação; e uma proclamação de cultura, porque actualização da convicção humanista nas capacidades transformadoras próprias dos seres humanos como tais, qualquer que seja a sua origem, estatuto ou condição. Em quarto lugar, sendo cultura enquanto imaginário e representação, o socialismo é igualmente cultura enquanto arca de ferramentas simbólicas e orientação para a acção, quer dizer, conjunto de maneiras de sentir, pensar e agir e padrão de conduta. Finalmente, o socialismo é cultura porque a sua novidade histórica é o apelo a um futuro-outro, e, por aí, como bem diz Eduardo Lourenço (2009: 44), "uma opção sobre o imprevisível", a aventura de pensar e tentar fazer uma realidade diversa da que existe e uma ordem alternativa à que "agora" domina. E, sim, neste sentido é ainda uma utopia: uma insatisfação com o *statu quo*, um desassossego consigo próprio, e alguma utopia – não (para o socialismo reformista) ao modo dos milenarismos nem como imposição implacável da redenção, mas como uma forma-outra de consciência social, comprometida na ampliação, por mais gradual ou pequena que seja, das possibilidades abertas ao maior número, à gente comum, a todas as partes da humanidade.

20. A esquerda democrática é uma linguagem.

São vários os pontos de vista pertinentes para considerar a problemática da esquerda democrática. Mas inserindo-a sempre no contexto que lhe confere sentido: o quadro histórico da modernidade europeia e a dialéctica do debate e da competição política com a direita.

Na sua forma elementar, esquerda e direita são marcadores, que ajudam as pessoas a reconhecer valores sociais, definir identidades políticas e fazer escolhas eleitorais, participando como cidadãs e cidadãos em processos colectivos de decisão. São, em particular, categorias essenciais na estruturação dos sistemas de partidos – e, por isso, quanto mais claras forem as diferenças (mesmo com algum exagero e dramatização) mais coerentes ficam as alternativas e mais capazes os sujeitos de optar entre elas. Ao contrário do que sugerem aqueles que gostariam de impor um consensualismo alegadamente tecnocrático ou centrista – que é uma maneira nem sequer muito hábil de procurarem perpetuar uma certa dominação – a afirmação das diferenças ideológicas é uma condição essencial e um factor decisivo da escolha democrática.

Pode, pois, dizer-se, sem hesitação ou fingimento, que a democracia reclama, por regra (e além de outras coisas), um posicionamento na escala entre esquerda e direita – um posicionamento mais à esquerda e um posicionamento mais à direita, da tensão entre um e outro se fazendo a possibilidade de confrontação e alternativa. E, na verdade, por maior que seja a pressão no sentido de atenuar ou apagar essa diferenciação ideológica e política, sempre em qualquer campo institucional nós encontraremos, nem que seja psicanaliticamente como retorno do recalcado, pontos mais à esquerda e pontos mais à direita do contínuo político...

A esquerda não é, porém, apenas uma posição relativa. Sendo-o efectivamente, não o é apenas. A esquerda é uma ideia ou até, querendo falar assim, a vinculação a um mito fundador. Fiel à minha convicção de que nada há melhor do que a civilização europeia para compreender o significado e alcance da esquerda democrática, diria tão simplesmente isto – que a esquerda é o desenvolvimento da ideia que já encontramos em Hesíodo (2005: 91-123): o trabalho é o legítimo gerador da riqueza, do mérito e da glória. O trabalho, no duplo sentido de esforço (energia dispendida, canseira, denodo, implicação) e de criação, imaginando e fazendo o novo – isso que faz dos homens produtores de sentido e dos seres, das coisas, do mundo, da história, produto dos homens. Como o pão, "fruto da terra e do trabalho dos homens", como dirá a oração cristã, e a segurança, o bem-estar, e o respeito e as recompensas devidas, as convenções, as crenças, as normas, os pactos que organizam a vida em comum.

O socialismo europeu poderia ser descrito assim: a opção de olhar esta organização e o seu futuro a partir da perspectiva de que ela deve beneficiar, incluir, integrar, honrar todos, em função, não de privilégios exteriores ao seu ser e agir-aqui – o nascimento, a herança, a parentela, o estado... – mas sim em função dos méritos associados ao seu labor-aqui. Este imaginário – representação do mundo e projecção de mundos – pode bem ser apresentado como a base do socialismo europeu. E ele vai buscá-lo, nos quase três milénios de história europeia, desde Homero e Hesíodo até aos nossos dias, a desenvolvimentos desta ideia tão singela e tão grávida de esperança – o valor do trabalho e a parte devida ao trabalho e ao trabalhador. A proclamação do valor do trabalho, a reclamação de condições dignas para o trabalhador e a reivindicação de uma justa distribuição dos "frutos do trabalho do homem", eis o que definiu, como resposta à "questão social", o socialismo europeu.

Se o que digo é aceitável, então acrescentarei que, no que é hoje, a esquerda democrática constitui um efeito e um exercício de diálogo entre esta ideia e outras igualmente poderosas e indispensáveis às comunidades humanas. E, nomeadamente, a ideia do primado da lei; a ideia da pluralidade de poderes, que se contrabalancem e limitem reciprocamente; a ideia de contrato; e, sobretudo, a ideia de que a ordem das coisas deve começar dos direitos das pessoas para a organização dos Estados e não da organização dos Estados para os direitos das pessoas – isso a que Norberto Bobbio (1989: 261), chamou, e bem, a revolução copernicana no pensamento e na ordem política.

Neste sentido, pode dizer-se da esquerda democrática que é uma interpretação da história. Da história das ideias: preferindo o exemplo de Atenas (a isonomia) ao de Esparta (a eunomia), Aristóteles a Platão, o Novo ao Velho Testamento, São Tomás de Aquino a Santo Agostinho, Locke a Hobbes, Montesquieu e o "Publius" dos *Federalist Papers* a Rousseau, Paine e Jefferson a Robespierre e Saint-Just, Kant a Hegel, Bernstein a Lenine, Crosland a Althusser (e uma parte de Marx a outra parte de Marx!)[8]. Uma representação da história social e política europeia: revendo-se nas sucessivas revoluções que fizeram e fazem a modernidade, desde o humanismo renascentista e a revolução científica do século XVII até à sociedade em rede da nossa contemporaneidade, passando pelas várias revoluções liberais, democráticas e socialistas; e valorizando mais as revoluções liberais da Inglaterra e dos Estados Unidos e as primeiras fases da Revolução Francesa e da Revolução Russa, assim como os diferentes movimentos sociais pela extensão dos direitos de cidadania e a maior revolução de todas, que foi, desde os inícios do século XX, a chegada ao poder por via eleitoral dos partidos dos trabalhadores, valorizando mais essas mudanças do que as derivas jacobina, anarquista ou comunista.

Mas a esquerda democrática não é apenas uma interpretação da história, é em si mesma uma realidade sócio-histórica: um movimento social e um campo político da modernidade europeia. Estruturado em partidos políticos, organizações sindicais e cívicas, associações, clubes, correntes. Exprimindo interesses parciais, e sem pretender que esses seus seriam universais (ao contrário do que Marx dizia do proletariado como sujeito histórico libertador dos demais). Jogando também as regras do mercado político – e criando burocracias, aparelhos, organizações, depressa orientadas pelos seus interesses específicos. A esquerda tem uma base social, da qual recebe pedidos e pressões, e que tem de mobilizar, e tudo isto se desenvolve, não apenas com base em ideias, mas ainda em emoções, afectos, lealdades, relações de patrocinato e clientelismo, mais ou menos carregadas de tensões. Esta base social, composta de homens e mulheres concretos, e com a sua psicologia

---

[8] Não é este o lugar apropriado para justificar esta contraposição de linhagens. Mas ela é muito inspirada por algumas recentes e, a meu ver, estimulantes histórias das ideias políticas. Cf. Amaral, 1999; Dhifallah *et al.*, 2004; Pisier *et al.*, 2004.

colectiva, está muito longe da descrição épica dos exércitos de deserdados sujeitos à humilhação alheia mas armados com o seu próprio valor. Até por isso, a esquerda democrática é enfim, tantas vezes, um esforço de libertação do fardo da história, incluindo dos seus erros e falhanços, como o colonialismo, o racismo, o sexismo, o iliberalismo ou a condescendência perante os inimigos da liberdade. Ela só pode ser, pois, o que deseja ser mantendo-se crítica, aberta e inacabada.

Tudo isto é. Ponto e trajectória na geometria dos sistemas políticos, marcador indispensável para a dialéctica democrática. Ideia e sistema de ideias, crenças e mitos, no decurso de uma evolução multissecular. Interpretação dessa história. Organização e voz de interesses e forças sociais, expressão de lealdades, vinculações, tradições transmitidas no fio das gerações – e nas casas, nos bairros, nos locais de trabalho, nos clubes, nos bares – em certos grupos populacionais. Nome e emblema para aparelhos de conquista e exercício do poder. A esquerda é tudo isto.

Mas é ainda, e por último, uma maneira de discorrer. É um ponto de vista e é uma linguagem. Refere-se a valores – aquilo em que as pessoas acreditam – e a identidades – aquilo que as pessoas são e a que pertencem – e procura *falar* a partir desse ponto de vista e nesses termos. É, como disse bem Lakoff (2004: XV), uma reenunciação – e "reenunciar *é* mudar".

A esquerda democrática é, em síntese, uma disposição para o debate social e político a partir de um lugar e da sua perspectiva. Nenhum deles fechado, cristalizado – antes em mutação, moventes, alteráveis, transformáveis, em cada conjuntura provisórios pontos de trajectórias complexas. Vinculados, contudo, a certos valores e identidades. Este lugar e a sua perspectiva convidam a falar de certo modo, a usar certa linguagem, a preferir certos termos, a enunciar problemas e soluções de certa maneira, aí investindo sempre uma dada representação e desejo do mundo, uma dada imagem e imaginação do mundo.

Fala-se sempre com alguém, e só em função do alguém com quem falamos existimos. Falamos com palavras, gestos, silêncios. Criamos metáforas, transportando o sentido para onde e como ele se torne mais expressivo. Discorremos, argumentamos. Com espírito de debate, isto é, em confrontação, mas, para recordar as judiciosas palavras de Hirschman (1997: 166-168) que já atrás citei, sem "retóricas de intransigência" – que cada discurso é ele próprio parcelar e inacabado, e só ganhará relevância na comunicação com outros. Mas cada sujeito que comunica tem o direito de usar os seus próprios termos, de enunciar e pronunciar o mundo da sua própria maneira – e só assim escapa à hegemonia de outros pensamentos sobre o seu.

Tal foi o exercício que tentei. Partindo dos valores da esquerda democrática, situando-os em relação a outras famílias políticas, para contribuir para um discurso que seja dela, nas realidades e sobre as questões de hoje.

Uma linguagem: um código de significações que sirva de ferramenta para compreender e dizer o mundo, a outrem e com outrem.

REFERÊNCIAS BIBLIOGRÁFICAS

AMARAL, Diogo Freitas do (1999): *História das Ideias Políticas*, reimp., Coimbra: Almedina.

ARENDT, Hannah (1995): *Qu'Est-ce que la Politique?* [1993], trad., Paris: Seuil.

ARENDT, Hannah (2001): *A Condição Humana* [1958], trad., Lisboa: Relógio d'Água.

ARISTÓTELES (2006): *Ética a Nicómaco*, trad., 2.ª ed. rev., Lisboa: Quetzal.

BECK, Ulrich (2006): *Qu'est-ce que le Cosmopolitisme?* [2004], trad., Paris: Alto Aubier.

BOBBIO, Norberto (1989): "Estado", in *Enciclopédia Einaudi*, ed. port., vol. 14, Lisboa: Imprensa Nacional: 215-275.

BOBBIO, Norberto (1995): *Direita e Esquerda: Razões e Significado de uma Distinção Política* [1994], trad., Lisboa: Presença.

CASTELLS, Manuel (2002-2003): *A Era da Informação: Economia, Sociedade e Cultura* [1996-1998], trad., 3 vols., Lisboa: Fundação Gulbenkian.

Comissão Independente População e Qualidade de Vida, *Cuidar o Futuro: um Programa Radical para Viver Melhor*, trad., Lisboa: Trinova.

DHIFALLAH, Heidi *et al.* (2004): *Histoire des Idées Politiques*, 2 vols., Paris: Armand Colin.

FREIRE, André (2006): *Esquerda e Direita na Política Europeia: Portugal, Espanha e Grécia em Perspectiva Comparada*, Lisboa: Imprensa de Ciências Sociais.

FREIRE, Paulo (1972): *Pedagogia do Oprimido*, ed. port., Porto: Afrontamento.

HAMILTON, Alexander *et al.* (2003): *O Federalista* [1787-1788], trad., Lisboa: Colibri.

HESÍODO, 2005: *Teogonia. Trabalhos e Dias*, trad., Lisboa: Imprensa Nacional.

HIRSCHMAN, Albert O. (1997): *O Pensamento Conservador: Perversidade, Futilidade e Risco* [1991], trad., Lisboa: Difel.

KANT, Immanuel (2002): *A Paz Perpétua e Outros Opúsculos*, trad., Lisboa: Edições 70.

LAKOFF, George (2004): *Don't think of an elephant! Know your Values and Frame the Debate*, White River Junction, Vermont: Chelsea Green.

LEONE, Carlos (2008): *O Essencial sobre a Democracia*, (Lisboa): Imprensa Nacional.

LOCKE, John (1999): *Ensaio sobre a Verdadeira Origem, Extensão e Fim do Governo Civil* [1690], trad., Lisboa: Edições 70.

LOCKE, John (2000): *Carta sobre a Tolerância* [1689], trad., Lisboa: Edições 70.

LOURENÇO, Eduardo (2009): *A Esquerda na Encruzilhada ou Fora da História?*, Lisboa: Gradiva.

MASSEY, Douglas S. (2005): *Return of the «L» Word: a Liberal Vision for the New Century*, Princeton & Oxford: Princeton University Press.

MENDRAS, Henri (1997): *L'Europe des Européens*, Paris: Gallimard.

PISIER, Évelyne *et al.* (2004): *Histoire des Idées Politiques* [1982], reed. rev., Paris: Presses Universitaires de France.

POPPER, Karl R. (1993): *A Sociedade Aberta e os seus Inimigos* [1945], trad., Lisboa: Fragmentos.

RAWLS, John (1996): *Liberalismo Político* [1993], trad., Lisboa, Presença.

RICOEUR, Paul (1995): *Le Juste*, Paris: Minuit.

SARAMAGO, José (2008): *A Viagem do Elefante*, Lisboa: Caminho.

SASSOON, Donald (2001): *Cem Anos de Socialismo: A Esquerda Europeia Ocidental no Século XX* [1996], trad., Lisboa: Contexto.

SILVA, Augusto Santos (2000): *Cultura e Desenvolvimento: Estudos sobre a Relação entre Ser e Agir*, Oeiras: Celta.

SIMMEL, Georg (1993): "Pont et porte" [1909], in *La Tragédie de la Culture et Autres Essais*, trad., 2.ª ed., Paris: Rivages: 161-168.

SÓFOCLES (2003): *Tragédias*, trad., Coimbra: MinervaCoimbra.

TAYLOR, Charles (1997): *Le Multiculturalisme. Différence et Démocratie* [1992], trad., Paris: Flammarion.

THOMPSON, E. P. (1989): "La economía 'moral' de la multitud en la Inlaterra del siglo XVIII" [1971], in *Tradición, Revuelta y Consciencia de Clase*, trad., 3.ª ed., Barcelona: Critica: 62-134.

TOCQUEVILLE, Alexis de (1983): *De la Démocratie en Amérique* [1835-1840], reed., Paris: Gallimard.

WALZER, Michael (1999): *As Esferas da Justiça: em Defesa do Pluralismo e da Igualdade* [1983], trad., Lisboa: Presença.

TÁBUA DAS TESES

NOTA PRÉVIA 5

I
OS MARCADORES

1. A dicotomia entre esquerda e direita é o operador mais eficaz para começar a caracterizar e distinguir correntes políticas 9
2. O centro não existe sozinho; mas existe 10
3. Para além da oposição entre esquerda e direita, o mapa político também se organiza segundo outras clivagens: entre democratas e autoritários, progressistas e conservadores, moderados e extremistas, cosmopolitas e isolacionistas 11

II
OS VALORES

4. Os valores básicos da esquerda democrática são a liberdade, a igualdade, a justiça, a colectividade e a diferença 17
5. A esquerda democrática parte da liberdade para a igualdade 17
6. A esquerda democrática sublinha a dimensão redistributiva da justiça 21
7. A esquerda democrática questiona a justiça da ordem do mundo 29
8. A esquerda democrática acrescenta à república o sentido da solidariedade colectiva 31
9. O cosmopolitismo da esquerda democrática articula relatividade e universalismo 38

III
A IDENTIDADE

10. Os valores da esquerda democrática contrastam sobretudo com os valores do pensamento conservador 47

11. Por seu lado, o pensamento conservador desconfia radicalmente da constelação de valores típica da esquerda democrática 51

12. Mas a esquerda democrática também se opõe à esquerda conservadora e à direita liberal 55

13. A antropologia da esquerda democrática é humanista, racionalista, pró--activa e optimista 57

IV

AS APRENDIZAGENS

14. As correntes políticas aprendem entre si 65

15. Do diálogo com a direita, a esquerda democrática aprendeu a revalorizar o mercado, o laço social e a segurança 67

16. A esquerda democrática destaca, na atitude centrista, a limitação do poder, a aceitação da complexidade, a abertura, o compromisso e a moderação 78

17. O diálogo entre as esquerdas enriquece a abordagem dos temas pós--materialistas, da liberdade subjectiva, da participação, do desenvolvimento sustentável e da luta contra a exclusão 85

V

O QUE SE É

18. A esquerda democrática é uma disposição: para ser radical, realista, moderada, cosmopolita, performativa 101

19. A esquerda democrática é uma cultura 105

20. A esquerda democrática é uma linguagem 109

REFERÊNCIAS BIBLIOGRÁFICAS 115